कंप्यूटर किंग
बिल गेट्स
की बायोग्राफी

कंप्यूटर किंग
बिल गेट्स
की बायोग्राफी

प्रशांत गुप्ता

प्रभात
प्रकाशन

प्रकाशक

प्रभात प्रकाशन प्रा. लि.

4/19 आसफ अली रोड, नई दिल्ली-110002

फोन : 011-23289777 • हेल्पलाइन नं. : 7827007777

इ-मेल : prabhatbooks@gmail.com ❖ वेब ठिकाना : www.prabhatbooks.com

संस्करण

2024

पेपरबैक मूल्य

तीन सौ रुपए

मुद्रक

आर-टेक ऑफसेट प्रिंटर्स, दिल्ली

Computer King BILL GATES Ki Biography
by Shri Prashant Gupta

Published by **PRABHAT PRAKASHAN PVT. LTD.**
4/19 Asaf Ali Road, New Delhi-110002

ISBN 978-93-5521-992-3

₹ 300.00 (PB)

भूमिका

"सफलता का उत्सव मनाना बड़ी अच्छी बात है, किंतु विफलता से प्राप्त सबक को ध्यान में रखना उससे भी महत्त्वपूर्ण है।"

यह वाक्य विश्व के 102 देशों और विभिन्न क्षेत्रों में 61,000 कर्मियों के साथ फैले सॉफ्टवेयर सेवा एवं संबंधित संस्थानों में अग्रणी माइक्रोसॉफ्ट कॉर्पोरेशन के पूर्व संचालक विलियम (बिल) एच. गेट्स III के जीवन की समुचित अभिव्यक्ति है।

व्यापार, राजनीति और समाज-सेवा के समृद्ध इतिहास से संपन्न सिएटल के एक परिवार में जनमे और पले बिल गेट्स ने सॉफ्टवेयर में अपनी रुचि को बहुत कम उम्र में ही पहचान लिया और कंप्यूटरों की प्रोग्रामिंग 13 वर्ष की अवस्था में ही शुरू कर दी। सन् 1973 में बिल गेट्स हार्वर्ड विश्वविद्यालय में दाखिल हुए और वहाँ रहते हुए उन्होंने एम.आई.टी.एस. अल्तेयर, प्रथम माइक्रो कंप्यूटर के लिए प्रोग्रामिंग की एक भाषा 'बेसिक' (BASIC — Beginner's All-purpose Symbolic Instruction Code) विकसित की। अपने बचपन के एक मित्र पॉल ऐलेन के साथ मिलकर सन् 1975 में खोली गई कंपनी माइक्रोसॉफ्ट में अपनी संपूर्ण ऊर्जा लगाने के लिए उन्होंने अंततः हार्वर्ड छोड़ दिया।

अपने इस विश्वास से प्रेरित होकर कि कंप्यूटर प्रत्येक कार्यालय एवं प्रत्येक घर के लिए एक अत्यंत उपयोगी उपकरण होगा, उन्होंने

पर्सनल कंप्यूटरों के लिए 'सॉफ्टवेयर' विकसित करने शुरू किए। व्यक्तिगत संगणना के क्षेत्र में बिल गेट्स की दूरदृष्टि और कल्पना ही माइक्रोसॉफ्ट एवं सॉफ्टवेयर उद्योग की सफलता का केंद्र थी। बिल गेट्स के नेतृत्व में माइक्रोसॉफ्ट अब भी सॉफ्टवेयर प्रौद्योगिकी सुधार और विकास के अपने उद्देश्य में संलग्न है, जिससे उसे अधिक आसान, सस्ता और इस्तेमाल में सरल बनाया जा रहा है।

बिल गेट्स ने, जो कि स्वयं एक उत्सुक पाठक हैं, अपनी पहली पुस्तक 'द रोड अहेड' सन् 1995 में प्रकाशित की। सन् 1999 में उन्होंने 'बिजनेस ऐट द स्पीड ऑफ थॉट' की रचना की। 25 भाषाओं में प्रकाशित और 60 से अधिक देशों में उपलब्ध इस पुस्तक में व्यापारिक समस्याओं के समाधान के लिए कंप्यूटर प्रौद्योगिकी के अपारंपरिक इस्तेमाल को अभिव्यक्त किया गया है। इस पुस्तक की बड़ी प्रंशसा हुई और इसे न्यूयॉर्क टाइम्स, यू.एस.ए. टुडे, द वॉल स्ट्रीट जर्नल और आमेजन डॉट कॉम पर सर्वाधिक बिकनेवाली पुस्तकों की सूची में शामिल किया गया। बिल गेट्स ने इन दोनों पुस्तकों से प्राप्त आय को शिक्षा और कार्यक्षमता के विकास में प्रौद्योगिकी के इस्तेमाल को बढ़ावा देनेवाली अलाभकारी संस्थाओं को भेंट-स्वरूप दे दिया।

बिल गेट्स की दूसरी उपलब्धि 'कॉर्बिस' (Corbis) है, जिसे उन्होंने कला और फोटोग्राफी के विस्तृत डिजिटल संग्रहालय के रूप में संपूर्ण विश्व के सार्वजनिक एवं व्यक्तिगत संग्रहों से प्राप्त कर स्थापित किया। वह 'बर्कशायर हैथवे इनकॉर्पोरेटेड' के निदेशक मंडल के सदस्य भी हैं, जो विभिन्न प्रकार के व्यापारिक कार्यकलापों में प्रवृत्त कंपनियों में निवेश करती है।

लोक-कल्याण बिल गेट्स का पर्यायवाची बन चुका है। वे और उनकी पत्नी मिलिंडा ने जनवरी 2005 में वैश्विक स्वास्थ्य और शिक्षा के क्षेत्र में लोक-कल्याणकारी उपक्रमों के सहायतार्थ 28.8 अरब डॉलर

से अधिक की धनराशि देकर एक प्रतिष्ठान की स्थापना इस आशा से की है कि इक्कीसवीं शताब्दी में इन बुनियादी क्षेत्रों में प्रगति का लाभ सभी लोगों को मिल सके। बिल और मिलिंडा गेट्स प्रतिष्ठान ने संपूर्ण विश्व में स्वास्थ्य-सुधार के लिए काम करनेवाले संस्थानों को 36 अरब डॉलर से अधिक की धनराशि उपलब्ध कराने का संकल्प किया है। इसके अलावा इस संस्थान ने संयुक्त राज्य अमेरिका और कनाडा में शिक्षा के अवसरों में सुधार के साथ-साथ निम्न आयवाले समुदायों के लिए सार्वजनिक पुस्तकालयों में कंप्यूटरों, इंटरनेट एवं इनमें प्रशिक्षण की सुविधा उपलब्ध कराने के लिए 2 अरब डॉलर, पश्चिमोत्तर प्रशांत क्षेत्र में सामुदायिक परियोजनाओं के लिए 47.7 करोड़ डॉलर से अधिक एवं विशिष्ट परियोजनाओं तथा अभियानों के लिए 48.8 करोड़ डॉलर से अधिक की धनराशि का प्रावधान किया है।

मैं न सिर्फ आशा करता हूँ, बल्कि मेरा यह विश्वास है कि वे लोग जो कंप्यूटरों में रुचि रखते हैं, बिल गेट्स की इस प्रेरणाप्रद जीवनी से काफी लाभान्वित होंगे। आधुनिक कंप्यूटरों के इस यशस्वी व्यक्ति से आपको परिचित कराने का मेरा यह एक निश्छल प्रयास है। इस कोशिश में जो थोड़ी त्रुटियाँ रह गई होंगी, वे पूर्णत: मेरी हैं और इस संबंध में आपके विचारों को पाकर मैं प्रसन्नता का अनुभव करूँगा।

—प्रशांत गुप्ता

अनुक्रम

1
बिल गेट्स : एक प्रतिभाशाली व्यक्ति का जन्म

दो मेधावी युवक उस समय इतिहास रचने की कगार पर थे, जब उनमें से एक एम.आई.टी. के कमरे में बैठकर अपने एक मित्र के साथ मिलकर तैयार की गई एक रचना को दिखाने की प्रतीक्षा कर रहा था : दोनों ही युवा प्रतिभाशाली और कंप्यूटरों के प्रति समर्पित थे। प्रोग्राम की 'कोडिंग' उसके मित्र के द्वारा की गई थी, जबकि उसने 'अल्तेयर' को उससे हू-ब-हू मिलाया (सिम्युलेट किया) था। कोई यह अनुमान भी नहीं लगा सकता था कि उसने अल्तेयर को उस समय पहली बार छुआ था, जब वह उसमें प्रोग्राम प्रविष्ट कर रहा था। यह सबकुछ आठ सप्ताहों के कठिन परिश्रम का प्रतिफल था। पहली बार में ही प्रोग्राम ने अच्छी तरह कार्य किया और एम.आई.टी.एस. ने उन दोनों के साथ उनके 'बेसिक' (BASIC — Beginner's All - purpose Symbolic Instruction Code) के अधिकारों को खरीदने के लिए सौदा किया। इस घटना से ही माइक्रोसॉफ्ट के जनक—मेधावी, ऊर्जस्वी, उत्साही, एकाग्रचित्त और बहुमुखी प्रतिभा के धनी बिल गेट्स का प्रादुर्भाव हुआ।

बचपन के दिन

विलियम हेनरी गेट्स, जिन्हें आज पूरी दुनिया में लोग प्यार से

'बिल' के नाम से पुकारते हैं, 28 अक्तूबर, 1955 को एक ऐसे परिवार में पैदा हुए थे, जिसका व्यापार, राजनीति और समाज-सेवा के क्षेत्रों में समृद्ध इतिहास रहा है। उनके परदादा राज्य की विधानसभा के सदस्य और मेयर थे, जबकि उनके दादा एक राष्ट्रीय बैंक के उपाध्यक्ष। उनके पिता एक विख्यात वकील थे। किशोरावस्था से ही यह स्पष्ट था कि बिल गेट्स आनुवंशिक रूप से महत्त्वाकांक्षा, बुद्धि और प्रतिस्पर्धात्मक भावना जैसे सद्गुणों को प्राप्त करेंगे, जिसने उनके पूर्वजों को अपने चुने हुए व्यावसायिक क्षेत्रों में अग्रणी स्थान प्राप्त करने में सहायता की थी।

बाल्यावस्था में बिल स्कूल में एक अपवाद थे और जल्दी ही उन्होंने लगभग सभी विषयों में, विशेष रूप से गणित और विज्ञान में, श्रेष्ठ योग्यता प्राप्त कर ली। उनके माता-पिता ने उनकी इस क्षमता को पहचाना और लेकसाइड में गहन शैक्षिक वातावरण के लिए विख्यात एक प्राइवेट स्कूल में भरती कराने का निर्णय लिया। यह निर्णय बिल के जीवन में एक परिवर्तन-बिंदु साबित हुआ और उनके जीवन के निर्माण में इसने महत्त्वपूर्ण योगदान दिया। इस स्कूल में ही पहली बार कंप्यूटरों से उनका सामना हुआ, जो बाद में उनके जीवन का राग और उन्माद बन गया।

बाल्यावस्था में बिल स्कूल में एक अपवाद थे और जल्दी ही उन्होंने लगभग सभी विषयों में, विशेष रूप से गणित और विज्ञान में, श्रेष्ठ योग्यता प्राप्त कर ली। उनके माता-पिता ने उनकी इस क्षमता को पहचाना और लेकसाइड में गहन शैक्षिक वातावरण के लिए विख्यात एक प्राइवेट स्कूल में भरती कराने का निर्णय लिया।

सन् 1968 में वसंत के दिन थे। 'लेक साइड प्रेप स्कूल' ने यह निर्णय लिया कि वे अपने छात्रों को कंप्यूटरों से परिचित कराएँगे। किंतु

उन दिनों कंप्यूटर बहुत बड़े आकार के और स्कूलों द्वारा स्वयं खरीदे जाने की दृष्टि से बहुत महँगे होते थे। इसलिए उन्होंने समुचित धनराशि की व्यवस्था की और जनरल इलेक्ट्रिक के कंप्यूटर डी.ई.सी.पी.डी.पी.-10 पर कंप्यूटर-समय खरीदा।

कंप्यूटर–पहला प्यार

बिल गेट्स ने कंप्यूटर में तुरंत रुचि ली। उनके साथ पॉल एलेन और लेक साइड के कुछ अन्य छात्र भी थे (जिनमें से अनेक माइक्रोसॉफ्ट के आरंभिक प्रोग्रामर्स बने)। वे प्रोग्राम लिखते हुए, कंप्यूटर साहित्य या उससे संबंधित सबकुछ पढ़ते हुए अनगिनत घंटे कंप्यूटर कक्ष में बिताते। कंप्यूटरों में ऐसी तीव्र लगन ने बिल गेट्स और अन्य लोगों के लिए उनके शिक्षकों के साथ समस्याएँ पैदा कर दीं। वे अपना गृहकार्य देर से करने लगे और कंप्यूटर रूम में अधिक समय देने के लिए अपनी कक्षाएँ छोड़ने लगे। वास्तव में इस मंडली ने स्कूल के लिए उपलब्ध संपूर्ण कंप्यूटर समय को कुछ ही सप्ताह में इस्तेमाल कर लिया था। यह समस्या तब सुलझी जब 1968 की शरद् ऋतु में 'कंप्यूटर सेंटर कॉर्पोरेशन' ने सिएटल गें एक संस्थान खोला और लेक साइड प्रेप स्कूल से उसके व्यावसायिक संबंध स्थापित हुए। इसके सस्ते दर बिल और उनके सहपाठियों के लिए वरदान साबित हुए और उन्होंने तुरंत एक नए मशीन के वस्तु-विवरणों की खोज करनी शुरू कर दी। लेकिन युवा 'हैकर्स' (वे व्यक्ति, जो दूसरों के कंप्यूटरों

बिल गेट्स ने कंप्यूटर में तुरंत रुचि ली। उनके साथ पॉल एलेन और लेक साइड के कुछ अन्य छात्र भी थे (जिनमें से अनेक माइक्रोसॉफ्ट के आरंभिक प्रोग्रामर्स बने)। वे प्रोग्राम लिखते हुए, कंप्यूटर साहित्य या उससे संबंधित सबकुछ पढ़ते हुए अनगिनत घंटे कंप्यूटर कक्ष में बिताते।

को खराब करते हैं) ने जल्दी ही समस्याएँ पैदा करनी शुरू कर दीं, जैसे उनकी कंप्यूटर प्रणाली को बार-बार ध्वस्त किया, अथवा कंप्यूटर की सुरक्षा व्यवस्था को तोड़ दिया। उन्होंने तो उन फाइलों को भी बदल दिया, जिसमें कंप्यूटर इस्तेमाल किए गए घंटों का विवरण दर्ज किया गया था। परिणामस्वरूप कंप्यूटर सेंटर कॉर्पोरेशन ने कई सप्ताह तक उन्हें कंप्यूटर का इस्तेमाल करने से रोक दिया।

सन् 1968 के अंत में बिल गेट्स, पॉल एलेन और लेकसाइड के दो अन्य हैकर्स ने 'लेकसाइड प्रोग्रामर्स ग्रुप' इस निश्चय के साथ बनाया कि वे अपनी संगणनात्मक क्षमता का उपयोग वास्तविक संसार में करेंगे। इसे करने का पहला अवसर उन्हें जल्दी ही मिल गया।

सन् 1968 के अंत में बिल गेट्स, पॉल एलेन और लेकसाइड के दो अन्य हैकर्स ने 'लेकसाइड प्रोग्रामर्स ग्रुप' इस निश्चय के साथ बनाया कि वे अपनी संगणनात्मक क्षमता का उपयोग वास्तविक संसार में करेंगे। इसे करने का पहला अवसर उन्हें जल्दी ही मिल गया।

कंप्यूटरों को खराब करने एवं उन्हें ध्वस्त करने की उनकी क्रियाओं से प्रकुपित होने के बावजूद कंप्यूटर सेंटर कॉर्पोरेशन इन लोगों से प्रभावित भी था, इसलिए उन्होंने अपनी कंप्यूटर प्रणाली के दोषों एवं कंप्यूटर प्रोग्राम की कमियों का पता लगाने के लिए उन्हें अपने साथ रखने का निर्णय किया। उनकी सेवाओं के बदले में कंप्यूटर सेंटर कॉर्पोरेशन ने उन्हें अपने कंप्यूटरों पर असीमित कंप्यूटर टाइम देने का वादा किया। बिल और उनके साथियों के लिए इससे इनकार करने का कोई कारण नहीं था। बाद में बिल गेट्स ने यह स्वीकार किया कि कंप्यूटर सेंटर कॉर्पोरेशन में मुफ्त समय मिलने के बाद ही वे वास्तव में कंप्यूटरों को गहराई से समझ सके और दक्षता हासिल

की। इसके बाद फिर कहीं रुकना नहीं पड़ा।

यद्यपि इस टोली को केवल कंप्यूटर के दोषों का पता लगाने के लिए ही रखा गया था, किंतु इन लोगों ने दिन की पाली में काम करनेवाले कर्मचारियों द्वारा छोड़ी गई कंप्यूटर से संबंधित सभी सामग्रियों का भी अध्ययन किया। इन युवा हैकर्स ने कर्मचारियों को नई सूचनाओं के लिए भी परेशान करना शुरू किया। यहीं पर बिल गेट्स और पॉल एलेन ने उन क्षमताओं को विकसित करना शुरू किया जिससे सात वर्षों बाद माइक्रोसॉफ्ट की नींव पड़ी।

यद्यपि इस टोली को केवल कंप्यूटर के दोषों का पता लगाने के लिए ही रखा गया था, किंतु इन लोगों ने दिन की पाली में काम करनेवाले कर्मचारियों द्वारा छोड़ी गई कंप्यूटर से संबंधित सभी सामग्रियों का भी अध्ययन किया। इन युवा हैकर्स ने कर्मचारियों को नई सूचनाओं के लिए भी परेशान करना शुरू किया।

नींव का निर्माण

सन् 1969 के अंत में कंप्यूटर सेंटर कॉर्पोरेशन ने आर्थिक कठिनाइयाँ झेलनी शुरू कर दीं और अंतत: मार्च 1970 में उन्होंने अपना व्यवसाय बंद कर दिया। लेकसाइड प्रोग्रामर्स की टोली को अब कंप्यूटर समय प्राप्त करने के लिए नए रास्ते ढूँढ़ने थे। अंत में वाशिंगटन विश्वविद्यालय के परिसर में उन्हें कुछ कंप्यूटर मिले जहाँ पॉल एलेन के पिता काम करते थे। लेकसाइड प्रोग्रामर्स की टोली ने अपनी कंप्यूटर क्षमताओं के उपयोग के लिए नए रास्ते तलाशने शुरू कर दिए।

उन्हें पहला अवसर जल्दी ही मिल गया जब इन्फॉर्मेशन साइंसेज इनकॉर्पोरेटेड (आई.एस.आई.) ने 'पे-रोल' की प्रोग्रामिंग के लिए उन्हें नियुक्त कर लिया। एक बार फिर इस टोली को मुफ्त कंप्यूटर समय

मिल गया, साथ ही पहली बार उन्होंने पैसे भी कमाए। आई.एस.आई. ने इस टोली द्वारा लिखे गए प्रोग्रामों से पैसा कमाने की स्थिति में उन्हें रॉयल्टी भी देने की सहमति दी। इस सौदे का परिणाम यह हुआ कि यह टोली कानूनी रूप से एक व्यावसायिक इकाई बन गई और बिल गेट्स एवं पॉल एलेन के बीच एक साझेदारी का उद्‌भव हुआ। इस परियोजना के अंतर्गत उन्होंने एक छोटा कंप्यूटर बनाया, जिसे यातायात के प्रवाह को मापने के लिए इस्तेमाल किया गया। इस परियोजना से उन्हें लगभग 20 हजार डॉलर का लाभ हुआ और वे इस उद्यम से बिल के कॉलेज में दाखिला लेने तक जुड़े रहे।

लेकसाइड में बिल के आरंभिक दिनों में प्रशासन ने उन्हें स्कूल के कार्यक्रमों की सूचीबद्धता प्रणाली को कंप्यूटरीकृत करने का कार्य सौंपा। एलेन की सहायता से बिल ने अगली गरमियों तक इसके लिए एक प्रोग्राम विकसित कर लिया। इसके बाद आगे भी बिल गेट्स और एलेन अपनी क्षमताओं का इस्तेमाल करने तथा कुछ पैसा कमाने के लिए अवसरों की तलाश करते रहे।

लेकसाइड में बिल के आरंभिक दिनों में प्रशासन ने उन्हें स्कूल के कार्यक्रमों की सूचीबद्धता प्रणाली को कंप्यूटरीकृत करने का कार्य सौंपा। एलेन की सहायता से बिल ने अगली गरमियों तक इसके लिए एक प्रोग्राम विकसित कर लिया। इसके बाद आगे भी बिल गेट्स और एलेन अपनी क्षमताओं का इस्तेमाल करने तथा कुछ पैसा कमाने के लिए अवसरों की तलाश करते रहे।

एक सुनहरा अवसर उन्हें तब मिला जब रक्षा कार्यों के ठेकेदार टी.आर.डब्ल्यू. कंप्यूटर सेंटर कॉर्पोरेशन के समान ही 'बग' (कंप्यूटर प्रोग्राम में आनेवाली त्रुटि) से प्रभावित अपने कंप्यूटर से परेशानी का

अनुभव कर रहे थे। कंप्यूटर सेंटर कॉर्पोरेशन में टी.आर.डब्ल्यू. ने उनके अनुभवों के बारे में सुना था। इसलिए उन्होंने बिल गेट्स और एलेन को यह कार्य सौंपा। टी.आर.डब्ल्यू. में पहली बार बिल गेट्स को एक व्यावसायिक वातावरण मिला और यहीं पर कंप्यूटर के 'बग' को दूर करते हुए वे एक गंभीर प्रोग्रामर के रूप में विकसित होने लगे। इतना ही नहीं, उन्होंने यहीं पर पहली बार अपनी एक सॉफ्टवेयर कंपनी खोलने पर गंभीरतापूर्वक विचार करना शुरू किया।

सन् 1973 की शरद् ऋतु में बिल गेट्स ने अपने घर से हार्वर्ड विश्वविद्यालय के लिए प्रस्थान किया। कौन सा विषय चुना जाए, इसका कोई ज्ञान न होने के कारण उन्होंने कानून की पूर्ववर्ती पढ़ाई (प्री लॉ) के लिए दाखिला ले लिया। उन्होंने हार्वर्ड में नवागंतुकों के लिए निर्धारित पाठ्यक्रम और गणित के कठिनतम पाठ्यक्रमों में से एक को चुना। यद्यपि उन्होंने अध्ययन में असाधारण रूप से अच्छा कार्य किया, किंतु हाई स्कूल की तरह ही उनका मन और मस्तिष्क इन पाठ्यक्रमों में पूरी तरह नहीं लगा। उन्होंने विश्वविद्यालय में कंप्यूटर केंद्र खोज निकाला और एक बार फिर कंप्यूटरों में खो गए।

सन् 1973 की शरद् ऋतु में बिल गेट्स ने अपने घर से हार्वर्ड विश्वविद्यालय के लिए प्रस्थान किया। कौन सा विषय चुना जाए, इसका कोई ज्ञान न होने के कारण उन्होंने कानून की पूर्ववर्ती पढ़ाई (प्री लॉ) के लिए दाखिला ले लिया। उन्होंने हार्वर्ड में नवागंतुकों के लिए निर्धारित पाठ्यक्रम और गणित के कठिनतम पाठ्यक्रमों में से एक को चुना।

बिल रात को देर तक कंप्यूटर पर कार्य करते रहते। परिणामत: कक्षा के समय वे सो जाते। लेकिन वह एलेन के संपर्क में बराबर

रहते थे। वे भविष्य की परियोजनाओं के बारे में तथा एक व्यापार प्रारंभ करने की संभावनाओं पर अकसर विचार-विमर्श किया करते थे। हार्वर्ड में पहले साल के अंत में ही बिल और एलेन दोनों को होनीवेल में काम मिल गया। जैसे-जैसे समय बीतता गया, एलेन एक सॉफ्टवेयर कंपनी खोलने के लिए बिल गेट्स को बार-बार प्रेरित करते रहे, किंतु बिल यह सुनिश्चित नहीं कर पा रहे थे कि इसे किस प्रकार मूर्त रूप दिया जाए।

□

2

माइक्रोसॉफ्ट का उदय

दिसंबर 1974 के दिन थे। एलेन बिल गेट्स से मिलने जा रहे थे। रास्ते में वे कुछ पत्रिकाओं पर नजर दौड़ा रहे थे। इसी बीच उन्होंने कुछ ऐसा देखा, जिसने न सिर्फ उनकी और बिल गेट्स की जिंदगी बदल दी बल्कि कंप्यूटर्स का इतिहास भी हमेशा के लिए बदल दिया। पत्रिका के आवरण पर एक शीर्षक चमक रहा था—'पॉपुलर इलेक्ट्रॉनिक्स : वर्ल्ड्स फर्स्ट माइक्रोकंप्यूटर किट टु राइवल कॉमर्शियल मॉडल्स' और इसके नीचे अल्तेयर 8,800 का एक चित्र भी दिया गया था। एलेन ने इसे बिल गेट्स को दिखाया और उन दोनों ने यह महसूस किया कि घरेलू कंप्यूटरों का बाजार तेजी से विकसित होने वाला है और किसी-न-किसी को इनके लिए सॉफ्टवेयर (कंप्यूटर को दिए जानेवाले निर्देशों के समूह सॉफ्टवेयर कहलाते हैं) तैयार करना ही होगा। लंबे समय से उत्सुकतापूर्वक जिस बड़े अवसर की उन्हें प्रतीक्षा थी, वह उनके सामने था। कुछ ही दिनों में बिल गेट्स ने अल्तेयर के निर्माता एम.आई.टी.एस. से संपर्क किया और उन्हें सूचना दी कि उन्होंने एलेन के साथ मिलकर 'बेसिक' (BASIC) विकसित किया है, जिसे अल्तेयर पर इस्तेमाल किया जा सकता है। यह झूठ था। उन्होंने 'कोड' की एक लाइन भी नहीं लिखी थी। उनके पास न तो कोई अल्तेयर था, न ही कंप्यूटर पर चलनेवाला कोई चिप (कंप्यूटर में

प्रयोग किए जानेवाले छोटे 'इंटीग्रेटेड सर्किट्स' को चिप कहते हैं)।

एम.आई.टी.एस. को इसका पता नहीं था। वे लोग उनके 'बेसिक' को देखने के बड़े उत्सुक थे। इसलिए बिल गेट्स और एलेन ने अपने वादे को पूरा करने के लिए 'बेसिक' पर बड़े लगन के साथ काम करना शुरू कर दिया। प्रोग्राम की कोडिंग का अधिकांश काम बिल गेट्स के जिम्मे था, जबकि पॉल एलेन स्कूल के पी.डी.पी.-10 के साथ अल्तेयर को सिम्युलेट करने का काम कर रहे थे। आठ हफ्ते के बाद दोनों ने महसूस किया कि उनका प्रोग्राम तैयार हो चुका था। एलेन अपनी कृति एम.आई.टी.एस. में दिखाने के लिए उड़ान भरने वाले थे। एम.आई.टी.एस. में पहुँचने के एक दिन बाद एलेन के लिए अपने 'बेसिक' का परीक्षण करना अनिवार्य था। एलेन ने अल्तेयर को पहली बार उस समय छुआ, जब वे प्रोग्राम को उसमें समाहित कर रहे थे। जिस अल्तेयर सिमुलेशन को उन्होंने निर्मित किया था उसमें बिल का कोई कोड यदि गलत होता तो प्रदर्शन के दौरान विफलता ही हाथ लगती। किंतु ऐसा नहीं हुआ। पहली बार में ही प्रोग्राम ने सही ढंग से काम किया। एम.आई.टी.एस. ने बेसिक के अधिकारों को खरीदने के लिए बिल गेट्स और एलेन के साथ एक सौदा करने की व्यवस्था की। बिल गेट्स को विश्वास हो चुका था कि सॉफ्टवेयर का बाजार अब खुल चुका है। एक साल के अंदर बिल गेट्स हार्वर्ड से हट चुके थे। इस प्रकार

प्रोग्राम की कोडिंग का अधिकांश काम बिल गेट्स के जिम्मे था, जबकि पॉल एलेन स्कूल के पी.डी.पी.-10 के साथ अल्तेयर को सिम्युलेट करने का काम कर रहे थे। आठ हफ्ते के बाद दोनों ने महसूस किया कि उनका प्रोग्राम तैयार हो चुका था। एलेन अपनी कृति एम.आई.टी.एस. में दिखाने के लिए उड़ान भरने वाले थे।

बिल गेट्स और पॉल एलेन ने मिलकर माइक्रोसॉफ्ट का गठन किया। माइक्रोसॉफ्ट शब्द 'माइक्रोकंप्यूटर' और 'सॉफ्टवेयर' को मिलाकर अर्थात् 'माइक्रो' एवं 'सॉफ्ट' के संयोग से बनाया गया।

माइक्रोसॉफ्ट द्वारा आरंभ किया गया 'बेसिक' कंप्यूटर में विशेष अभिरुचि रखनेवालों में सर्वप्रिय था। लेकिन बिल गेट्स ने यह देखा कि बाजार-पूर्व इसकी प्रति समाज में किसी प्रकार फैल गई और उसे बड़े पैमाने पर कॉपी करके वितरित किया जा रहा था। फरवरी 1976 में बिल गेट्स ने एम.आई.टी.एस. की समाचार पत्रिका में कंप्यूटर में विशेष अभिरुचि रखनेवालों के नाम एक खुला पत्र लिखा कि एम.आई.टी.एस. उच्च गुणवत्तावाले सॉफ्टवेयर बिना कीमत प्राप्त किए निर्मित करके वितरित नहीं कर सकता। यह पत्र अनेक कंप्यूटर-प्रेमियों में लोकप्रिय नहीं हुआ; किंतु बिल गेट्स अपनी इस अवधारणा पर जोर देते रहे कि सॉफ्टवेयर का निर्माण करनेवालों को पारिश्रमिक माँगना चाहिए। सन् 1976 के अंत में माइक्रोसॉफ्ट एम.आई.टी.एस. से अलग हो गया और अनेक सिस्टम्स के लिए प्रोग्रामिंग लैंग्वेज सॉफ्टवेयर विकसित करता रहा।

फरवरी 1976 में बिल गेट्स ने एम.आई.टी.एस. की समाचार पत्रिका में कंप्यूटर में विशेष अभिरुचि रखनेवालों के नाम एक खुला पत्र लिखा कि एम.आई.टी.एस. उच्च गुणवत्तावाले सॉफ्टवेयर बिना कीमत प्राप्त किए निर्मित करके वितरित नहीं कर सकता।

बिल गेट्स के अनुसार माइक्रोसॉफ्ट में आरंभिक दिनों में काम करनेवाले लोग एक से अधिक काम किया करते थे। जब भी कोई 'ऑर्डर' प्राप्त हुआ तो जिसने भी फोन पर उत्तर दिया वही व्यक्ति माल की पैकिंग और उसे भेजने के लिए जिम्मेदार था। बिल गेट्स ने स्वयं

व्यापारिक विवरणों की निगरानी की। किंतु वे कोड भी लगातार लिखते रहे। प्रथम पाँच वर्षों में हर कोड की प्रत्येक लाइन की उन्होंने स्वयं पुनरीक्षा की। जैसा उन्होंने उचित समझा, उसके अनुरूप कंपनी ने अकसर ही प्रोग्राम के कुछ भागों को फिर से लिखकर प्रस्तुत किया।

आई.बी.एम. के साथ साझेदारी–प्रगति की पहली सीढ़ी

सन् 1980 में आई.बी.एम. ने माइक्रोसॉफ्ट से अपने आगामी पर्सनल कंप्यूटर आई.बी.एम. पी.सी. के लिए 'बेसिक' इंटरप्रेटर बनाने का प्रस्ताव रखा। जब आई.बी.एम. के प्रतिनिधियों ने यह कहा कि उन्हें एक 'ऑपरेटिंग सिस्टम' की आवश्यकता है तो बिल गेट्स ने उन्हें सी.पी.एम. ऑपरेटिंग सिस्टम के निर्माता 'डिजिटल रिसर्च' के पास भेजा। कम-से-कम दो बार की बातचीत के बावजूद आई.बी.एम. और डिजिटल रिसर्च के प्रतिनिधियों के बीच लाइसेंस जारी करने की कोई सहमति नहीं बन सकी। बाद में एक बैठक के दौरान आई.बी.एम. के प्रतिनिधि जैक सैम्स ने लाइसेंस जारी करने में आनेवाली कठिनाइयों के बारे में बिल गेट्स को बताया। प्रतिक्रियास्वरूप बिल गेट्स ने उन्हें 8 6-डी.ओ.एस. (डिस्क ऑपरेटिंग सिस्टम) क्यू.डी.ओ.एस. के बारे में बतलाया, जो कि सी.पी./एम. ऑपरेटिंग सिस्टम के समान ही है और

सन् 1980 में आई.बी.एम. ने माइक्रोसॉफ्ट से अपने आगामी पर्सनल कंप्यूटर आई.बी.एम. पी.सी. के लिए 'बेसिक' इंटरप्रेटर बनाने का प्रस्ताव रखा। जब आई.बी.एम. के प्रतिनिधियों ने यह कहा कि उन्हें एक 'ऑपरेटिंग सिस्टम' की आवश्यकता है तो बिल गेट्स ने उन्हें सी.पी.एम. ऑपरेटिंग सिस्टम के निर्माता 'डिजिटल रिसर्च' के पास भेजा।

जिसे सिएटल कंप्यूटर प्रोडक्ट्स ने पर्सनल कंप्यूटर के समान हार्डवेयर (कंप्यूटर सिस्टम, जिसे हम हाथ से छू सकते हैं) के लिए ही बनाया था। उन्होंने सैम्स से पूछा कि क्या वे सिएटल कंप्यूटर प्रोडक्ट्स से स्वयं बात करना चाहेंगे अथवा मुझे (गेट्स को) ही इस सौदे की व्यवस्था करने देंगे। सैम्स ने यह वार्त्ता बिल गेट्स के लिए ही छोड़ दी।

माइक्रोसॉफ्ट ने सिएटल कंप्यूटर प्रोडक्ट्स से 86-डी.ओ.एस. के लिए उनका एकमात्र लाइसेंसिंग एजेंट बनने का सौदा पक्का कर लिया। उन्होंने इस बात का जिक्र नहीं किया कि आई.बी.एम. एक संभावित ग्राहक है। इस ऑपरेटिंग सिस्टम को रूपांतरित कर पी.सी. में अवस्थित करने के बाद माइक्रोसॉफ्ट ने उसे पी.सी.-डी.ओ.एस. के रूप में एकमुश्त फीस लेकर आई.बी.एम. को दे दिया। बिल गेट्स कभी यह नहीं समझ सके कि आखिर डिजिटल रिसर्च इस सौदे से क्यों अलग हो गया। वर्षों बाद बिल गेट्स ने स्पष्ट किया कि डिजिटल रिसर्च के संस्थापक गैरी किल्डॉल अपने मनमौजीपन के कारण आई.बी.एम. के साथ वार्त्ता के लिए निर्धारित समय पर अनुपस्थित रहे। बाद में जब कॉम्पैक (Compaq) ने सफलतापूर्वक आई.बी.एम. बायोस (IBM-BIOS) की नकल कर ली, तब बाजार में इसकी बाढ़-सी आ गई। माइक्रोसॉफ्ट ने शीघ्र ही माइक्रोसॉफ्ट डिस्क

माइक्रोसॉफ्ट ने सिएटल कंप्यूटर प्रोडक्ट्स से 86-डी.ओ.एस. के लिए उनका एकमात्र लाइसेंसिंग एजेंट बनने का सौदा पक्का कर लिया। उन्होंने इस बात का जिक्र नहीं किया कि आई.बी.एम. एक संभावित ग्राहक है। इस ऑपरेटिंग सिस्टम को रूपांतरित कर पी.सी. में अवस्थित करने के बाद माइक्रोसॉफ्ट ने उसे पी.सी.-डी.ओ.एस. के रूप में एकमुश्त फीस लेकर आई.बी.एम. को दे दिया।

ऑपरेटिंग सिस्टम का लाइसेंस दे दिया। आई.बी.एम. पी.सी. क्लोन के निर्माताओं को माइक्रोसॉफ्ट डिस्क ऑपरेटिंग सिस्टम सबसे पहले बेचकर माइक्रोसॉफ्ट कंप्यूटर उद्योग में एक छोटे व्यापारी से बढ़कर एक प्रमुख सॉफ्टवेयर विक्रेता बन गया। इसके उपरांत भी माइक्रोसॉफ्ट ने ऑपरेटिंग सिस्टम और विभिन्न प्रकार के सॉफ्टवेयर विकसित करना जारी रखा।

विंडोज—एक आश्चर्यजनक सॉफ्टवेयर

सन् 1980 के दशक में माइक्रोसॉफ्ट के इतिहास में स्वर्णिम युग का उदय हुआ। जेराक्स कॉर्पोरेशन द्वारा शुरू किए गए और एप्पल द्वारा आगे विकसित किए गए 'ग्राफिकल यूजर इंटरफेस' (GUI) का अपना संस्करण '80 के दशक के आरंभ में ही माइक्रोसॉफ्ट ने प्रस्तुत कर दिया।

सन् 1980 के दशक में माइक्रोसॉफ्ट के इतिहास में स्वर्णिम युग का उदय हुआ। जेराक्स कॉर्पोरेशन द्वारा शुरू किए गए और एप्पल द्वारा आगे विकसित किए गए 'ग्राफिकल यूजर इंटरफेस' (GUI) का अपना संस्करण '80 के दशक के आरंभ में ही माइक्रोसॉफ्ट ने प्रस्तुत कर दिया।

ग्राफिकल यूजर इंटरफेस का इस्तेमाल करनेवाले बाजार में उपलब्ध अन्य सिस्टम से मुकाबला करने के लिए माइक्रोसॉफ्ट ने अपने डिस्क ऑपरेटिंग सिस्टम कमांड लाइन के विकल्प और परिवर्धन के रूप में 'विंडोज' प्रस्तुत किया। 1990 के दशक के आरंभ में ही विंडोज ने ग्राफिकल यूजर इंटरफेस पर आधारित अन्य डिस्क ऑपरेटिंग सिस्टम्स जैसे जी.ई.एम. (GEM) और जी.ई.ओ.एस. (GEOS) को बाजार से बाहर कर दिया।

सन् 1990 में विंडोज 3.0 की प्रस्तुति से एक जबरदस्त सफलता मिली और इस दशक के पहले दो वर्षों में ही इसकी लगभग एक करोड़

प्रतियाँ बिक गईं, जिससे ऑपरेटिंग सिस्टम्स के बाजार में माइक्रोसॉफ्ट की प्रभुता को एक मजबूत आधार मिला। अधिकांश कंप्यूटरों में माइक्रोसॉफ्ट के सॉफ्टवेयर पहले से ही अधिष्ठापित करके बाजार में आने लगे। फलस्वरूप माइक्रोसॉफ्ट कॉर्पोरेशन अंततः संसार की सबसे बड़ी सॉफ्टवेयर कंपनी बन गई। बिल गेट्स ने काफी पैसे कमाए। 'फोर्ब्स' पत्रिका ने अनेक वर्षों तक बिल गेट्स को संसार के सबसे धनी व्यक्ति के रूप में वर्णित किया। बिल गेट्स सन् 2000 तक कंपनी के मुख्य कार्यकारी अधिकारी रहे और उनके बाद स्टीव बालमर को उनकी जगह पर नियुक्त किया गया। बिल गेट्स अभी भी कंपनी के अध्यक्ष के रूप में अपनी सेवाएँ दे रहे हैं। आज माइक्रोसॉफ्ट के पास हजारों पेटेंट्स हैं, जिनमें से नौ पेटेंट्स बिल गेट्स के नाम दर्ज हैं।

10 नवंबर, 1983 आई.बी.एम. के इतिहास में एक स्वर्णिम दिन था। न्यूयॉर्क शहर के प्लाजा होटल में उस समय इतिहास रच दिया गया जब माइक्रोसॉफ्ट ने आई.बी.एम. कंप्यूटर्स के लिए ग्राफिकल यूजर इंटरफेस के साथ बहुकार्यक्षमता वाली अगली पीढ़ी के माइक्रोसॉफ्ट विंडोज की प्रस्तुति की घोषणा कर दी।

माइक्रोसॉफ्ट विंडोज का इतिहास

10 नवंबर, 1983 आई.बी.एम. के इतिहास में एक स्वर्णिम दिन था। न्यूयॉर्क शहर के प्लाजा होटल में उस समय इतिहास रच दिया गया। जब माइक्रोसॉफ्ट ने आई.बी.एम. कंप्यूटर्स के लिए ग्राफिकल यूजर इंटरफेस के साथ बहुकार्यक्षमता वाली अगली पीढ़ी के माइक्रोसॉफ्ट विंडोज की प्रस्तुति की घोषणा कर दी। इस सॉफ्टवेयर का नाम इंटरफेस मैनेजर रखा गया यह बाजार में अप्रैल 1984 तक उतारा जानेवाला था,

किंतु बाजार विशेषज्ञ रोलैंड हैनसन के अनुरोध पर बिल गेट्स ने इसका नाम परिवर्तित करके विंडोज रख दिया।

नवंबर 1983 के अंत तक बिल गेट्स ने विंडोज का एक उन्नत संस्करण विकसित कर लिया था। किंतु इसे आई.बी.एम. से अच्छी प्रतिक्रिया नहीं मिली, क्योंकि वे लोग स्वयं अपने एक ऑपरेटिंग सिस्टम 'टॉप व्यू' पर कार्य कर रहे थे। इसे फरवरी 1985 में ग्राफिकल यूजर इंटरफेस की विशिष्टताओं के बिना ही डिस्क ऑपरेटिंग सिस्टम आधारित बहुकार्यक्षमता वाले प्रोग्राम मैनेजर के रूप में प्रस्तुत किया गया। इसके साथ ही भविष्य में ग्राफिकल यूजर इंटरफेस के साथ एक और संस्करण प्रस्तुत करने का वादा भी किया गया। किंतु आई.बी.एम. अपना वादा पूरा करने में विफल रहा, जिसके परिणामस्वरूप मात्र दो वर्षों में ही इस प्रोग्राम को बंद करना पड़ा। जबकि दूसरी ओर बिल ने एप्पल के लीसा कंप्यूटर और मैकिंटोश अथवा मैक कंप्यूटर तथा उनके उत्कृष्ट ग्राफिकल यूजर इंटरफेस को अच्छी तरह समझ लिया था। इसलिए आई.बी.एम. कंप्यूटर्स में ग्राफिकल यूजर इंटरफेस की सफलता का उन्होंने सही आकलन किया था। इसने माइक्रोसॉफ्ट को अभूतपूर्व ऊँचाइयों तक पहुँचने में सहायता की और एप्पल से लिये गए

नवंबर 1983 के अंत तक बिल गेट्स ने विंडोज का एक उन्नत संस्करण विकसित कर लिया था। किंतु इसे आई.बी.एम. से अच्छी प्रतिक्रिया नहीं मिली, क्योंकि वे लोग स्वयं अपने एक ऑपरेटिंग सिस्टम 'टॉप व्यू' पर कार्य कर रहे थे। इसे फरवरी 1985 में ग्राफिकल यूजर इंटरफेस की विशिष्टताओं के बिना ही डिस्क ऑपरेटिंग सिस्टम आधारित बहुकार्यक्षमता वाले प्रोग्राम मैनेजर के रूप में प्रस्तुत किया गया।

विचार-तत्त्व बिल के लिए लाभकारी साबित हुए।

आई.बी.एम. के 'टॉप व्यू' और अन्य उत्पाद जैसे विजन ऑफ विसिकॉर्प, प्रथम अधिकृत पी.सी. आधारित ग्राफिकल यूजर इंटरफेस और डिजिटल रिसर्च द्वारा 1985 में प्रस्तुत 'ग्राफिक एन्वायरनमेंट मैनेजर' से माइक्रोसॉफ्ट विंडोज को अपने आरंभिक दिनों में काफी प्रतिस्पर्धा का सामना करना पड़ा। किंतु ग्राफिक एन्वायरनमेंट मैनेजर और विजन को प्रोग्राम लिखनेवाले सबसे महत्त्वपूर्ण तीसरी पार्टी के लोगों का सहयोग उपलब्ध नहीं था। यदि किसी ऑपरेटिंग सिस्टम के लिए प्रोग्राम लिखनेवाला कोई उपलब्ध नहीं है तो इस्तेमाल के लिए कोई प्रोग्राम नहीं होगा। परिणामत: उसे कोई खरीदना नहीं चाहेगा। अंत में, सभी रुकावटों को पार करते हुए माइक्रोसॉफ्ट ने 20 नवंबर, 1985 को विंडोज 1.0 को अपनी निर्धारित तिथि से लगभग दो वर्ष बाद बाजार में उतारा।

आई.बी.एम. के 'टॉप व्यू' और अन्य उत्पाद जैसे विजन ऑफ विसिकॉर्प, प्रथम अधिकृत पी.सी. आधारित ग्राफिकल यूजर इंटरफेस और डिजिटल रिसर्च द्वारा 1985 में प्रस्तुत 'ग्राफिक एन्वायरनमेंट मैनेजर' से माइक्रोसॉफ्ट विंडोज को अपने आरंभिक दिनों में काफी प्रतिस्पर्धा का सामना करना पड़ा।

अपने उपक्रम के आरंभिक दिनों में विंडोज को कुछ प्रारंभिक कठिनाइयों का सामना करना पड़ा। संस्करण 1.0 के कंप्यूटर प्रोग्राम में अनेक त्रुटियाँ देखी गईं और इसे अपरिष्कृत एवं मंदगामी पाया गया। माइक्रोसॉफ्ट की सुयोग्य टीम ने इन कठिनाइयों को थोड़े ही समय में दूर कर लिया। इसके अलावा एप्पल ने माइक्रोसॉफ्ट के विरुद्ध मुकदमा दायर करने की धमकी दी और कहा कि विंडोज 1.0 में एप्पल के कॉपीराइट एवं पेटेंट अधिकारों का हनन किया गया है तथा माइक्रोसॉफ्ट ने 'ड्रॉप डाउन मीनू, टाइल्ड विंडोज

और माउस सपोर्ट' की चोरी की है। अपने प्रमुख वकील बिल न्यूकोम से सलाह करने के बाद बिल गेट्स ने एप्पल के सामने एक प्रस्ताव रखा कि वे अपने ऑपरेटिंग सिस्टम की विशिष्टताओं का उपयोग करने की अनुमति दें और उनके पक्ष में एक लाइसेंस जारी करें। एप्पल ने सहर्ष यह प्रस्ताव स्वीकार कर लिया और उनके बीच एक अनुबंध भी हो गया, जिसमें माइक्रोसॉफ्ट विंडोज के संस्करण 1.0 के साथ ही भविष्य के सभी सॉफ्टवेयर प्रोग्रामों में एप्पल के ऑपरेटिंग सिस्टम की विशिष्टताओं के उपयोग की अनुमति दी गई थी। बिल गेट्स द्वारा उठाया गया यह कदम उतना ही उत्कृष्ट और लंबे समय तक प्रसन्नता प्रदान करने वाला था जितना कि सिएटल कंप्यूटर प्रोडक्ट्स से क्यू.डी.ओ.एस. को खरीदने अथवा आई.बी.एम. को यह समझाना था कि एम.एस.-डी.ओ.एस. के लाइसेंसिंग अधिकारों को माइक्रोसॉफ्ट के पास ही रहने दिया जाए। सन् 1987 में विंडोज के अनुकूल एक प्रोग्राम अडोब पेज मेकर 1.0 के उतारे जाने से विंडोज 1.0 लुढ़क-लुढ़ककर बाजार में आगे बढ़ता रहा। पेज मेकर 1.0 पी.सी. के लिए पहला ऐसा डेस्कटॉप पब्लिशिंग प्रोग्राम था, जिसमें 'जो आप देखते हैं वही आप पाते हैं' की अवधारणा पूरी की गई थी। इसके बाद जल्दी ही विंडोज के अनुकूल 'स्प्रेडशीट', जिसे 'एक्सेल' कहते हैं एवं अन्य उपयोगी तथा सर्वप्रिय सॉफ्टवेयर जैसे माइक्रोसॉफ्ट वर्ड एवं कोरल ड्रॉ बाजार में उतारे गए।

बिल गेट्स द्वारा उठाया गया यह कदम उतना ही उत्कृष्ट और लंबे समय तक प्रसन्नता प्रदान करने वाला था जितना कि सिएटल कंप्यूटर प्रोडक्ट्स से क्यू. डी.ओ.एस. को खरीदने अथवा आई.बी.एम. को यह समझाना था कि एम.एस.-डी.ओ.एस. के लाइसेंसिंग अधिकारों को माइक्रोसॉफ्ट के पास ही रहने दिया जाए।

विकास की प्रक्रिया यहीं नहीं रुकी। दिसंबर में माइक्रोसॉफ्ट ने विंडोज का एक काफी उन्नत संस्करण 2000 प्रस्तुत किया, जिसमें प्रोग्रामों और फाइलों को अभिव्यक्त करने के लिए आइकॉन्स दिए गए थे, विस्तारित 'मेमोरी हार्डवेयर' के लिए उन्नत अवलंब और इसके अलावा ऐसे विंडोज दिए गए जो 'ओवरलैप' (आंशिक रूप से अथवा पूर्णतः आच्छादित करके भी निकले रहने की क्रिया) कर सकते थे। परिणामतः विंडोज आधारित कंप्यूटर्स मैक की तरह दिखते थे। एप्पल कंप्यूटर ने यह समानता देखी और माइक्रोसॉफ्ट पर एक मुकदमा कर दिया कि उन्होंने सन् 1985 के लाइसेंसिंग अनुबंध की अवहेलना की है। चार वर्षों तक मुकदमा चलता रहा। माइक्रोसॉफ्ट ने यह उद्घोषित किया कि लाइसेंसिंग अनुबंध ने उन्हें एप्पल की विशिष्टताओं का इस्तेमाल करने का अधिकार दिया है। उत्तर में एप्पल ने यह दावा किया कि माइक्रोसॉफ्ट ने उनके 170 कॉपीराइट्स का उल्लंघन किया है। न्यायालय ने यह व्यवस्था दी कि लाइसेंसिंग अनुबंध माइक्रोसॉफ्ट को केवल 9 कॉपीराइट्स को छोड़कर बाकी सभी का इस्तेमाल करने का अधिकार देता है। बाद में माइक्रोसॉफ्ट ने न्यायालय को संतुष्ट किया कि इन 9 स्वामित्वों को भी कॉपीराइट नियमों का उल्लंघन नहीं समझा जाना चाहिए, क्योंकि एप्पल

चार वर्षों तक मुकदमा चलता रहा। माइक्रोसॉफ्ट ने यह उद्घोषित किया कि लाइसेंसिंग अनुबंध ने उन्हें एप्पल की विशिष्टताओं का इस्तेमाल करने का अधिकार दिया है। उत्तर में एप्पल ने यह दावा किया कि माइक्रोसॉफ्ट ने उनके 170 कॉपीराइट्स का उल्लंघन किया है। न्यायालय ने यह व्यवस्था दी कि लाइसेंसिंग अनुबंध माइक्रोसॉफ्ट को केवल 9 कॉपीराइट्स को छोड़कर बाकी सभी का इस्तेमाल करने का अधिकार देता है।

ने इन रूपरेखाओं को जेरॉक्स द्वारा जेरॉक्स आल्टो एवं स्टार कंप्यूटर्स के लिए विकसित किए गए ग्राफिकल यूजर इंटरफेस से लिया है। अंततः 1 जून, 1993 को यूनाइटेड स्टेट्स के उत्तरी कैलीफोर्निया स्थित जिला न्यायालय के न्यायाधीश वी.आर. वाकर ने एप्पल बनाम माइक्रोसॉफ्ट एवं हैवलेट-पैकार्ड कॉपीराइट सूट में माइक्रोसॉफ्ट के पक्ष में फैसला सुनाया और यह आदेश दिया कि कॉपीराइट अवहेलना के बचे हुए मामलों की सुनवाई माइक्रोसॉफ्ट विंडोज के संस्करण 2.03 और 3.0 तथा एच.पी. न्यू वेव के साथ की जाए। इस प्रकार शनैः-शनैः किंतु मजबूती के साथ बढ़ते हुए माइक्रोसॉफ्ट सर्वश्रेष्ठ सॉफ्टवेयर विक्रेता बन गया और उसके बाद फिर उसे पीछे मुड़कर देखना नहीं पड़ा।

20 मई, 1990 का दिन माइक्रोसॉफ्ट के इतिहास में एक युगांतरकारी घटना का दिन था। आलोचना के साथ स्वीकार किए गए विंडोज 3.0 को बाजार में उतारा गया। उन्नत प्रोग्राम मैनेजर और आइकॉन व्यवस्था एक नए फाइल मैनेजर, 16 रंगों के लिए उपयुक्त आधार के साथ तेज गति और विश्वसनीयता के कारण विंडोज 3.0 को तीसरी पार्टी से अत्यधिक समर्थन मिला।

20 मई, 1990 का दिन माइक्रोसॉफ्ट के इतिहास में एक युगांतरकारी घटना का दिन था। आलोचना के साथ स्वीकार किए गए विंडोज 3.0 को बाजार में उतारा गया। उन्नत प्रोग्राम मैनेजर और आइकॉन व्यवस्था एक नए फाइल मैनेजर, 16 रंगों के लिए उपयुक्त आधार के साथ तेज गति और विश्वसनीयता के कारण विंडोज 3.0 को तीसरी पार्टी से अत्यधिक समर्थन मिला। प्रोग्रामर्स ने विंडोज के अनुरूप सॉफ्टवेयर लिखने शुरू किए, जिससे सामान्य उपभोक्ता को विंडोज 3.0 खरीदने का एक प्रबल

कारण मिला। परिणाम यह हुआ कि साल के अंत तक माइक्रोसॉफ्ट ने इसकी 30 लाख प्रतियाँ बेच लीं। इसके बाद अप्रैल 1992 में विंडोज 3.1 बाजार में लाया गया। इसमें विभिन्न प्रकार के अक्षरों की आरोही श्रृंखला के लिए समुचित व्यवस्था के साथ मल्टीमीडिया क्षमताएँ भी दी गई थीं। इसके अलावा इसमें विभिन्न बिंबों, विषयों को श्रृंखलाबद्ध करने और सन्निहित करने (Object linking and embedding) के साथ-साथ 'एप्लिकेशन रीबूट' (Application reboot) (कंप्यूटर के किसी प्रोग्राम द्वारा किए गए कार्य को एप्लिकेशन और कंप्यूटर को बंद करके पुनः चालू करने को रीबूट कहते हैं।) क्षमताओं के अतिरिक्त अन्य सुविधाएँ भी प्रदान की गई थीं। अनुमान के अनुरूप ही इसकी सर्वप्रियता ने पूर्ववर्ती संस्करण को पीछे छोड़ दिया और पहले दो महीनों में ही इसकी 30 लाख प्रतियाँ बिक गईं। इसके बाद विंडोज 3. X लाया गया, जो पर्सनल कंप्यूटरों में स्थापित किया जानेवाला पहले नंबर का ऑपरेटिंग सिस्टम बन गया। विंडोज 95 के आने तक यह प्रवणता बनी रही।

अनुमान के अनुरूप ही इसकी सर्वप्रियता ने पूर्ववर्ती संस्करण को पीछे छोड़ दिया और पहले दो महीनों में ही इसकी 30 लाख प्रतियाँ बिक गईं। इसके बाद विंडोज 3. X लाया गया, जो पर्सनल कंप्यूटरों में स्थापित किया जानेवाला पहले नंबर का ऑपरेटिंग सिस्टम बन गया। विंडोज 95 के आने तक यह प्रवणता बनी रही।

24 अगस्त, 1995 को विंडोज 95 बाजार में उतारा गया। इसने क्रेताओं में एक ऐसी तीव्र व्याकुलता पैदा कर दी कि उन लोगों ने भी इस प्रोग्राम की प्रतियाँ खरीद लीं, जिनके पास अपने घरेलू कंप्यूटर नहीं थे। सांकेतिक नाम 'शिकागो' से जाना जानेवाला विंडोज 95 उपयोगकर्ताओं

के लिए अत्यंत सरल था और उसमें 'इंटीग्रेटेड टी.सी.पी./आई.पी. स्टैक, डायल अप नेटवर्किंग और फाइलों के लंबे नामों' के लिए समुचित व्यवस्था उपलब्ध थी। इसके अलावा विंडोज का यह पहला ऐसा संस्करण था, जिसमें माइक्रोसॉफ्ट डिस्क ऑपरेटिंग सिस्टम को पहले से स्थापित किए जाने की आवश्यकता नहीं थी। इसके बाद विंडोज 98 आया, जिसे 25 जून, 1998 को बाजार में उतारा गया। यह माइक्रोसॉफ्ट डिस्क ऑपरेटिंग सिस्टम पर आधारित अंतिम संस्करण था और इसमें इंटरनेट ब्राउजर, इंटरनेट एक्सप्लोरर आदि की अंतर्निहित व्यवस्था थी। इसके अलावा इसमें नई इनपुट व्यवस्था जैसे यू.एस.बी. (यूनिवर्सल सीरियल बस) को भी शामिल किया गया था।

सॉफ्टवेयर के इतिहास में माइक्रोसॉफ्ट ने सन् 2000 में विंडोज 2000 बाजार में उतारकर एक और कीर्तिमान स्थापित कर दिया। माइक्रोसॉफ्ट के एन.टी. प्रौद्योगिकी पर आधारित इस सॉफ्टवेयर की विशिष्टता यह है कि विंडोज 2000 और इसके बाद के सभी विंडोज सॉफ्टवेयर में इंटरनेट के माध्यम से नूतन परिवर्तनों को समाहित किया जा सकता है।

सॉफ्टवेयर के इतिहास में माइक्रोसॉफ्ट ने सन् 2000 में विंडोज 2000 बाजार में उतारकर एक और कीर्तिमान स्थापित कर दिया। माइक्रोसॉफ्ट के एन.टी. प्रौद्योगिकी पर आधारित इस सॉफ्टवेयर की विशिष्टता यह है कि विंडोज 2000 और इसके बाद के सभी विंडोज सॉफ्टवेयर में इंटरनेट के माध्यम से नूतन परिवर्तनों को समाहित किया जा सकता है। इसके बाद सन् 2001 में विंडोज एक्स.पी. प्रस्तुत किया गया। एक्स.पी. का अभिप्राय अनुभव से है। यह पर्सनल कंप्यूटर का इस्तेमाल करनेवाले लोगों को विंडोज द्वारा स्थापित नूतन पद्धतियों का लाभ दिए

जाने का संकेत है। इसके अलावा इस संस्करण से बेहतर मल्टीमीडिया अवलंब और वर्धित कार्य-निष्पादन भी संभव हुआ है। माइक्रोसॉफ्ट को गौरवान्वित करने वाली एक और उपलब्धि है—विंडोज विस्ता। यह विंडोज का आधुनिकतम ऑपरेटिंग सिस्टम है, जिसे सन् 2007 में बाजार में उतारा गया। इसका उपनाम 'लौंगहॉर्न' है और इसे लीक से काफी हटकर बनाया गया है, जिसके कारण न सिर्फ ऑपरेटिंग सिस्टम की रूपरेखा बदल गई है, बल्कि नेटवर्किंग और ध्वनि को संचालित करने की पद्धतियाँ भी बदली हैं। छह भिन्न संस्करणों में तैयार किए जाने से विस्ता घरेलू उपयोगकर्ताओं से लेकर व्यापारिक आवश्यकताओं की पूर्ति करती है तथा इसका एक विशेष संस्करण उभरते हुए बाजार के लिए उपयोगी है।

यह विंडोज का आधुनिकतम ऑपरेटिंग सिस्टम है, जिसे सन् 2007 में बाजार में उतारा गया। इसका उपनाम 'लौंगहॉर्न' है और इसे लीक से काफी हटकर बनाया गया है, जिसके कारण न सिर्फ ऑपरेटिंग सिस्टम की रूपरेखा बदल गई है, बल्कि नेटवर्किंग और ध्वनि को संचालित करने की पद्धतियाँ भी बदली हैं।

विंडोज 7

हाल ही में माइक्रोसॉफ्ट ने अपना एक नया ऑपरेटिंग सिस्टम विंडोज7 बाजार में उतारा है। काफी समय से प्रतीक्षित इस सिस्टम को बाजार ने हाथोहाथ लिया है। विंडोविस्टा के पिट जाने के कारण माइक्रोसॉफ्ट ने विंडोज7 में अपेक्षाकृत नए फीचर जोड़े हैं। यह कई नई खूबियों से युक्त वाकई एक बढ़िया ऑपरेटिंग सिस्टम है।

□

3

माइक्रोसॉफ्ट के प्राण : बिल गेट्स

सन् 1975 में माइक्रोसॉफ्ट के प्रारंभ से ही बिल गेट्स इसकी उत्पाद-नीति के प्रमुख रहे हैं। उनकी क्रय-विक्रय क्षमताओं और उत्पादों के ज्ञान ने कंपनी की उत्पादन-शृंखला का विस्तार किया है। बिल सदैव ही उस सीमा तक कार्य करने के लिए तैयार रहते थे, जिससे माइक्रोसॉफ्ट को गौरव प्राप्त हो। वस्तुतः सन् 1998 के यूनाइटेड स्टेट्स बनाम माइक्रोसॉफ्ट केस में शरमन अधिनियम की अवहेलना करते हुए एकाधिकार प्राप्त करने के लिए छल करने और प्रतिस्पर्धा को रोकने का प्रयास करने के लिए उन पर दोषारोपण किया गया। प्रतिस्पर्धा, आलोचना और कंपनी के प्रति साख विरोधी अधिनियमों का बहादुरी से सामना करते हुए उन्होंने आक्रामक रूप से माइक्रोसॉफ्ट का बचाव किया और उसकी उन्नत स्थिति का पोषण किया। इसके अलावा वे एक कठोर मालिक भी थे। बैठकों के दौरान वे अत्यंत आक्रामक समझे जाते थे, विशेष रूप से उन स्थितियों में जब वे समझते थे कि कंपनी के कुछ निर्णयों ने माइक्रोसॉफ्ट का भविष्य खतरे में डाल दिया है। दूसरी ओर, अपने प्रबधकों के साथ निश्छल व सीधी बातचीत की वे सराहना करते थे और अकसर उन तकनीकी व्यवधानों को स्वयं दूर करने का प्रयास करते थे जिनसे उनके प्रबंधक जूझ रहे होते थे।

बिल गेट्स ने माइक्रोसॉफ्ट में मुख्य रूप से व्यवस्थापक और

प्रशासक की भूमिका का निर्वाह किया है। किंतु आरंभिक दिनों में उन्होंने एक सक्रिय सॉफ्टवेयर डेवलपर के रूप में विशेष रूप से उत्पाद संबंधी प्रोग्रामिंग भाषा के क्षेत्र में महत्त्वपूर्ण योगदान भी दिया है। इसके अतिरिक्त टी.आर.एस. 80 मॉडेल-100 लाइन पर काम कर लेने के बाद से यद्यपि वे आधिकारिक तौर पर किसी भी विकास टीम के सदस्य नहीं रहे, किंतु फिर भी समय-समय पर वे माइक्रोसॉफ्ट के कुछ उत्पादों के लिए कोड लिखते रहे हैं। अंत में 15 जून, 2006 को बिल गेट्स ने यह घोषणा की कि वे माइक्रोसॉफ्ट में अपनी नियमित जिम्मेदारियों से मुक्त होकर लोक-हित के कार्यों में अधिक समय देना चाहते हैं। परिणामतः उन्होंने रे ओजी को नया मुख्य सॉफ्टवेयर आर्किटेक्ट नियुक्त किया और स्वयं कंपनी के अध्यक्ष बने रहकर कंपनी की प्रमुख योजनाओं में अपनी सलाह देते रहे। चलते-चलते उन्होंने कंपनी में 'रोबोटिक्स सॉफ्टवेयर ग्रुप' का निर्माण कर माइक्रोसॉफ्ट को एक उपहार दिया।

बिल गेट्स ने माइक्रोसॉफ्ट में मुख्य रूप से व्यवस्थापक और प्रशासक की भूमिका का निर्वाह किया है। किंतु आरंभिक दिनों में उन्होंने एक सक्रिय सॉफ्टवेयर डेवलपर के रूप में विशेष रूप से उत्पाद संबंधी प्रोग्रामिंग भाषा के क्षेत्र में महत्त्वपूर्ण योगदान भी दिया है।

रोबोटिक्स से मेल-जोल

रोबोटिक्स प्रौद्योगिकी का एक रुचिकर भाग है। (रोबोटिक्स कृत्रिम बुद्धि अथवा आर्टिफिशियल इंटेलिजेंस की भाषा का दूसरा नाम है।) यह मानवीय कल्पना में चमक पैदा करके सृजनात्मकता को प्रेरित करती है। इस प्रकार यह लोगों की रुचि को आकर्षित करने में चुंबक की तरह

कार्य करती है। स्वाभाविक है कि अपने प्रादुर्भाव के समय से ही एक प्रौद्योगिकी के रूप में रोबोटिक्स सॉफ्टवेयर संसार में आकर्षण का केंद्र रहा है। किंतु इस क्षेत्र में भी अन्य क्षेत्रों की तरह माइक्रोसॉफ्ट ने ही लीक से हटकर कार्य किया और अग्रगामी बने रहे। इसने रोबोटिक्स समुदाय के लिए एक नए सॉफ्टवेयर किट की रचना की है, जिसमें एक ऐसे सॉफ्टवेयर प्लेटफॉर्म की व्यवस्था है, जिससे अनेक प्रकार के अनुप्रयोग विकसित किए जा सकते हैं, जिसे अनेक प्रकार के हार्डवेयर पर विभिन्न प्रयोजनों के लिए इस्तेमाल किया जा सकता है।

इसने रोबोटिक्स समुदाय के लिए एक नए सॉफ्टवेयर किट की रचना की है, जिसमें एक ऐसे सॉफ्टवेयर प्लेटफॉर्म की व्यवस्था है, जिससे अनेक प्रकार के अनुप्रयोग विकसित किए जा सकते हैं, जिसे अनेक प्रकार के हार्डवेयर पर विभिन्न प्रयोजनों के लिए इस्तेमाल किया जा सकता है।

माइक्रोसॉफ्ट रोबोटिक्स स्टूडियो मुख्य रूप से तीन प्रमुख क्षेत्रों में सॉफ्टवेयर की आवश्यकता पूरी करता है और इसे निम्नलिखित तीन वर्गों में रखा जा सकता है—

1. इसमें प्रोग्रामिंग इंटरफेस परिवर्तनीय होता है। रनटाइम को इस प्रकार बढ़ाया जा सकता है कि विभिन्न प्रकार के हार्डवेयर और उपकरणों पर इसका उपयोग किया जा सके। इसका उपयोग ऐसे अनुप्रयोगों को उत्पन्न करने के लिए किया जा सकता है, जिससे संबंधित पी.सी. के 8 बिट या 16 बिट प्रोसेसर्स अथवा मल्टीकोर प्रोसेसर्स एवं अन्य उपकरणों के साथ 32 बिट का इस्तेमाल करके टच सेंसर्स या लेजर डिस्टेंस डिटरमिनर्स का उपयोग कर रोबोट को चलाया जा सके।
2. ऐसे उपयोगी संसाधनों का एक सेट उपलब्ध कराया जाता है,

जिससे प्रोग्रामिंग और रोबोट अनुप्रयोगों को त्रुटि-रहित करके आसान बनाया जा सके। इसमें उच्च गुणवत्तावाले इमेज या फोटो प्राप्त करने के लिए ऐसे सॉफ्टवेयर फिजिक्स को सुसंबद्ध किया जाता हैं, जिसे एजिया टेक्नोलॉजी द्वारा निर्मित फिसेक्स इंजिन से प्रस्तुत किया गया है। इस प्रकार माइक्रोसॉफ्ट रोबोटिक्स स्टूडियो का इस्तेमाल माइक्रोसॉफ्ट विजुअल स्टूडियो और माइक्रोसॉफ्ट विजुअल स्टूडियो एक्सप्रेस के समान प्रोग्रामिंग भाषा का इस्तेमाल करके किया जा सकता है। इसके अतिरिक्त एक न्यूज विजुअल प्रोग्रामिंग भाषा भी उपलब्ध है, जिसका उपयोग करके साधारण 'ड्रैग एंड ड्रॉप' का इस्तेमाल कर अनेक अनुप्रयोगों की रचना की जा सकती है।

कुछ उपयोगी प्रौद्योगिकियों का एक पुस्तकालय स्थापित किया गया है तथा शिक्षण व्यवस्था भी की गई है। इस व्यवस्था से अनेक प्रकार के प्रोग्रामिंग की भाषाओं की बुनियादी जानकारी उपलब्ध होती है, जिससे रोबोट अनुप्रयोगों संबंधी प्रोग्राम लिखनेवालों को सहायता मिल सके और वे यह जान सकें कि किस प्रकार इसे प्रारंभ किया जाए।

3. कुछ उपयोगी प्रौद्योगिकियों का एक पुस्तकालय स्थापित किया गया है तथा शिक्षण व्यवस्था भी की गई है। इस व्यवस्था से अनेक प्रकार के प्रोग्रामिंग की भाषाओं की बुनियादी जानकारी उपलब्ध होती है, जिससे रोबोट अनुप्रयोगों संबंधी प्रोग्राम लिखनेवालों को सहायता मिल सके और वे यह जान सकें कि किस प्रकार इसे प्रारंभ किया जाए।

एकाधिपत्य का खेल

सन माइक्रोसिस्टम के अध्यक्ष स्कॉट मैकेनली और नेट्सकेप के मुख्य कार्यकारी अधिकारी टिम क्लार्क से मिलकर सन् 1988 में बिल गेट्स ने एकाधिपत्य का एक खेल शुरू किया, जिससे उन्हें एक और गौरव-स्थान प्राप्त हुआ। अपनी कार्य-कुशलता और उत्कृष्ट व्यापारिक अंतर्दृष्टि का उपयोग करते हुए बिल गेट्स ने जल्दी ही बोर्ड-वॉक और पार्क प्लेस पर अपना नियंत्रण कर लिया। परिणाम यह हुआ कि इस खेल में उन्हें प्रभुत्व हासिल हो गया। वास्तव में मैकेनली और क्लार्क ने यह आरोप लगाया कि बिल गेट्स ने अपनी योजनाओं को सफल बनाने के लिए बार-बार छलयुक्त कार्य किए और जब भी वे माइक्रोसॉफ्ट की सॉफ्टवेयर विशिष्टताओं का उपयोग करते पाए गए तो उन्होंने इंटरनेट एक्सप्लोरर की प्रतियों को खरीदने के लिए उन्हें बाध्य किया। बैंकर की तरह कार्य करते हुए उन्होंने स्वयं ही ब्याज-रहित ऋण इस तर्क के साथ ले लिया कि मैकेनली एवं क्लार्क को कोई पैसा उस स्थिति में नहीं मिलना चाहिए, जब वे निःशुल्क पार्किंग करते हैं; क्योंकि शासकीय नियमावली में ऐसा कोई प्रावधान नहीं है। उन्होंने 'बैटिलशिप' को भी विनियुक्त कर लिया, यद्यपि जिम क्लार्क ने ही उसका नामकरण किया था। अंत में

सन माइक्रोसिस्टम के अध्यक्ष स्कॉट मैकेनली और नेट्सकेप के मुख्य कार्यकारी अधिकारी टिम क्लार्क से मिलकर सन् 1988 में बिल गेट्स ने एकाधिपत्य का एक खेल शुरू किया, जिससे उन्हें एक और गौरव-स्थान प्राप्त हुआ। अपनी कार्य-कुशलता और उत्कृष्ट व्यापारिक अंतर्दृष्टि का उपयोग करते हुए बिल गेट्स ने जल्दी ही बोर्ड-वॉक और पार्क प्लेस पर अपना नियंत्रण कर लिया।

बिल गेट्स ने क्लार्क को दिवालिया बना दिया।

परिणामतः बिल गेट्स के खिलाफ अविश्वास का मुकदमा दायर किया गया। उन्होंने न्यायालय में टाल-मटोल किया और कहा कि उन्हें यह याद नहीं है कि उनके पास कितने होटल हैं। नतीजा यह हुआ कि आरंभिक दौर में फैसला माइक्रोसॉफ्ट के विरुद्ध हुआ। बिल गेट्स को दंडित किया गया और न्यायालय ने यह आदेश दिया कि बोर्ड-वाक अथवा पार्क प्लेस को बेचने पर उन्हें मर्विन गार्डेंस पर अपना अधिकार छोड़ना होगा। किंतु बाद में अपील किए जाने पर न्यायालय का यह आदेश उलट दिया गया।

बिल गेट्स आज संसार के सबसे सफल व्यवसायी समझे जाते हैं। वे दुनिया में सबसे तेजी से विकसित हो रही कंपनी के प्रमुख भी हैं। बिल गेट्स इस उद्योग में उस समय से संलग्न हैं, जब वे स्कूल में पढ़ते थे। उसी समय से उन्होंने स्कूल और शहर के लिए सॉफ्टवेयर बनाकर पैसा कमाना शुरू कर दिया था।

बिल गेट्स—एक उद्यमकर्ता

बिल गेट्स आज संसार के सबसे सफल व्यवसायी समझे जाते हैं। वे दुनिया में सबसे तेजी से विकसित हो रही कंपनी के प्रमुख भी हैं। बिल गेट्स इस उद्योग में उस समय से संलग्न हैं, जब वे स्कूल में पढ़ते थे। उसी समय से उन्होंने स्कूल और शहर के लिए सॉफ्टवेयर बनाकर पैसा कमाना शुरू कर दिया था। उनकी पहली कंपनी का नाम 'ट्राफ-ओ-डाटा' था और उसने एक ऐसा सॉफ्टवेयर प्रोग्राम बेचा जो शहर में यातायात की गिनती कर सकता था। किंतु अपने कंप्यूटर सहयोगी पॉल एलेन के साथ उन्होंने सन् 1975 में माइक्रोसॉफ्ट की स्थापना की, जब वे केवल 19 वर्ष के थे। कुछ ही वर्षों में अपने ऑपरेटिंग सिस्टम्स और अपनी व्यापारिक निपुणता के कारण माइक्रोसॉफ्ट ने काफी नाम

कमाया। इसकी आरंभिक सफलताओं में एक एम.एस.-डी.ओ.एस. ऑपरेटिंग सिस्टम है, जो आज भी इस्तेमाल किया जा रहा है।

यद्यपि कई दशक बीत चुके हैं, माइक्रोसॉफ्ट की गति धीमी होने का कोई संकेत नहीं मिला है। हर बार माइक्रोसॉफ्ट बड़ा ही बनता जाता है। बिल गेट्स इसे छोटी इकाइयों में विभक्त कर देते हैं, जिसमें अधिक-से-अधिक 200 व्यक्ति काम करते हैं। बिल गेट्स और माइक्रोसॉफ्ट से अधिक बौद्धिक संपदा किसी के पास नहीं है। ऐसा अनुमान लगाया गया है कि समस्त पी.सी. सॉफ्टवेयर उद्योग का 80 से 85 प्रतिशत माइक्रोसॉफ्ट के नियंत्रण में है। इसके सैकड़ों उत्पाद और 18,000 कर्मचारी आज इसे संसार की बहुत बड़ी कंपनियों में से एक के रूप में सुस्थापित कर चुके हैं। इसके अनेक शेयरधारक लखपति और बिल गेट्स व पॉल एलेन सरीखे कुछ लोग तो अरबपति हैं। माइक्रोसॉफ्ट के प्रमुख और संसार में सबसे अमीर जीवित व्यक्ति बिल गेट्स एक बहुत शक्तिशाली एवं प्रभावशाली व्यक्ति भी हैं। स्वाभाविक है कि जब लोग एक ही व्यक्ति के हाथों में शक्ति केंद्रित देखते हैं तो डरने लगते हैं और यही कारण है कि इस उद्योग में माइक्रोसॉफ्ट के बृहत् एकाधिकार के कारण अनेक विवाद उत्पन्न हो गए हैं। किंतु इस बृहत् साम्राज्य के निर्माता ने कहा है कि ''मैंने इसे अर्जित किया है और इसे सुरक्षित रखने के लिए मुझसे जो भी बन पड़ेगा, वह सबकुछ मैं करूँगा।''

यद्यपि कई दशक बीत चुके हैं, माइक्रोसॉफ्ट की गति धीमी होने का कोई संकेत नहीं मिला है। हर बार माइक्रोसॉफ्ट बड़ा ही बनता जाता है। बिल गेट्स इसे छोटी इकाइयों में विभक्त कर देते हैं, जिसमें अधिक-से-अधिक 200 व्यक्ति काम करते हैं। बिल गेट्स और माइक्रोसॉफ्ट से अधिक बौद्धिक संपदा किसी के पास नहीं है।

बिल गेट्स : एक श्रमशील व्यक्ति

बिल गेट्स एक अत्यंत परिश्रमी व्यक्ति के रूप में जाने जाते हैं। सॉफ्टवेयर संसार उनके योगदान से अच्छी तरह परिचित है। यहाँ तक कि अपने हाई स्कूल के दिनों में भी उन्होंने अपने प्रिंसिपल को एक ऐसा सॉफ्टवेयर दिया, जो बड़ी आसानी और कुशलता के साथ स्कूल की समय-सारणी को सुव्यवस्थित कर सकता था। एक सॉफ्टवेयर कला-प्रेमी के रूप में यह उनका पहला प्रोग्रामिंग कार्य था। अगली गरमियों में उन्होंने न सिर्फ प्रोग्राम लिखे बल्कि उससे 4,200 डॉलर भी कमाए। चौदह वर्ष की अवस्था में बिल गेट्स और उनके प्रोग्रामिंग सहभागी पॉल एलेन ने यातायात की गणना के लिए एक कंप्यूटर की परिकल्पना की। इसका प्रसंगोचित नाम 'ट्राफ-ओ-डाटा' रखा गया और इससे उन दोनों ने 20,000 डॉलर की एक अच्छी राशि कमाई। प्रौद्योगिकी की बारीकियों का ज्ञान प्राप्त करने की उनकी लालसा इतनी अधिक थी कि उन्होंने महासभा में भी काम किया और उन्हें 'टी.आर.डब्ल्यू.' नामक प्रोग्रामिंग कंपनी द्वारा अपनी सेवा में नियुक्त कर लिया गया। हार्वर्ड से निकलने के बाद बिल गेट्स ने कंप्यूटर के लिए अपनी पहली बेसिक ऑपरेटिंग भाषा की रचना की और उसके बाद से सॉफ्टवेयर के इस सम्राट् को कभी पीछे मुड़कर नहीं देखना पड़ा।

बिल गेट्स एक अत्यंत परिश्रमी व्यक्ति के रूप में जाने जाते हैं। सॉफ्टवेयर संसार उनके योगदान से अच्छी तरह परिचित है। यहाँ तक कि अपने हाई स्कूल के दिनों में भी उन्होंने अपने प्रिंसिपल को एक ऐसा सॉफ्टवेयर दिया, जो बड़ी आसानी और कुशलता के साथ स्कूल की समय-सारणी को सुव्यवस्थित कर सकता था।

"आप जो शिक्षा देते हैं उसका स्वयं अनुसरण कीजिए"—इस सिद्धांत का पूर्णतः पालन करनेवाले बिल गेट्स समस्याओं से प्रेरणा लेकर उन पर विजय प्राप्त करते हुए आगे बढ़ते रहे। अपने सपनों को साकार करने के लिए कृतसंकल्प और दृढ़निश्चयी, वे माइक्रोसॉफ्ट के प्रथम पाँच वर्षों के विकास के दौरान नियमित रूप से सोलह घंटे कार्य करते रहे। लेकिन बिल ने अपने आसपास चापलूस लोगों को फटकने नहीं दिया। वास्तव में सहकर्मियों, ग्राहकों और उद्योग विश्लेषकों ने यह प्रमाणित किया है कि यदि उन्हें किसी ने बेहतर विकल्प के बारे में संतुष्ट कर दिया तो वे सदैव अपना मन परिवर्तित करने को तैयार रहते थे। विश्लेषकों के अनुसार उनकी सफलता के मूल कारणों में एक यह था कि वे कार्यालय की राजनीति और अपने अहंकार को दूर रखते हुए व्यापार के मूल तत्त्वों पर अपना ध्यान केंद्रित करते थे। वे कभी भी दूसरों के योगदान को स्वीकार करने में नहीं चूके। एक बार उन्होंने 'इलेक्ट्रॉनिक बिजनेस' से कहा था कि "मैं जो कुछ करता हूँ वह अधिकांशतः पथ-प्रदर्शन और व्यवस्था है, जो उन लोगों पर लागू होता है जो सीधे मेरे लिए कार्य करते हैं।"

वास्तव में सहकर्मियों, ग्राहकों और उद्योग विश्लेषकों ने यह प्रमाणित किया है कि यदि उन्हें किसी ने बेहतर विकल्प के बारे में संतुष्ट कर दिया तो वे सदैव अपना मन परिवर्तित करने को तैयार रहते थे। विश्लेषकों के अनुसार उनकी सफलता के मूल कारणों में एक यह था कि वे कार्यालय की राजनीति और अपने अहंकार को दूर रखते हुए व्यापार के मूल तत्त्वों पर अपना ध्यान केंद्रित करते थे।

बिल गेट्स को श्रमशीलता का प्रतीक समझा जाता है। अपने

सममित्रों से उन्हें सम्मान प्राप्त था और उनके प्रतिस्पर्धी उनसे भयभीत रहते थे। उनका पूरा ध्यान अपने सपनों पर ही केंद्रित था, जिसके कारण माइक्रोसॉफ्ट को अभूतपूर्व सफलता मिली। इसके अलावा बिल गेट्स माइक्रोसॉफ्ट के प्रबंधन संबंधी एवं तकनीकी समस्याओं का अपनी विलक्षण प्रतिभा से अत्यंत सरलता के साथ समाधान करते हैं, जो उनकी विशिष्टता है। वे एक ऐसे विपणन नीतिकार के रूप में सफलता प्राप्त करने के लिए विशेष रूप से प्रख्यात थे, जो बाजार की नब्ज को समझकर अपने उत्पादों की कीमत बाजार के बहुसंख्यक क्रेताओं के लिए निर्धारित करते थे, न कि थोड़े से कंप्यूटर विशेषज्ञों के लिए। वास्तव में वर्ष 1999 में 'जर्नल ऑफ बिजनेस स्ट्रेटेजी' ने बिल गेट्स को उन गिने-चुने लोगों में शामिल किया है, जिन्होंने पिछली शताब्दी की विपणन नीति पर गहन प्रभाव छोड़ा है। जैसा कि स्पष्ट है, बिल गेट्स के भी अनेक आलोचक थे। उन पर स्वार्थी होने और संभवत: नियम-विरुद्ध व्यापार करने का आरोप भी लगाया गया है। कुछ विश्लेषकों ने तो यह भी आरोप लगाया है कि उन्होंने अपनी कंपनी के उत्पादों को आगे न बढ़ाकर दूसरी कंपनी की प्रगति को बाधित करने पर अपना ध्यान अधिक लगाया। किंतु उनकी

> ***बिल गेट्स को श्रमशीलता का प्रतीक समझा जाता है। अपने सममित्रों से उन्हें सम्मान प्राप्त था और उनके प्रतिस्पर्धी उनसे भयभीत रहते थे। उनका पूरा ध्यान अपने सपनों पर ही केंद्रित था, जिसके कारण माइक्रोसॉफ्ट को अभूतपूर्व सफलता मिली। इसके अलावा बिल गेट्स माइक्रोसॉफ्ट के प्रबंधन संबंधी एवं तकनीकी समस्याओं का अपनी विलक्षण प्रतिभा से अत्यंत सरलता के साथ समाधान करते हैं, जो उनकी विशिष्टता है।***

प्रबंधन रीति और व्यापारिक कुशाग्रता के ऐसे समर्थक भी हैं, जो यह स्पष्ट करते हैं कि माइक्रोसॉफ्ट कंपनी, 2002 की सूचना प्रौद्योगिकी में आई मंदी के दौरान भी प्रगति करती रही और उसका 20 प्रतिशत विकास प्रति तिमाही की दर से होता रहा तथा टैक्स के उपरांत 35 प्रतिशत का चमत्कारिक लाभ कंपनी को मिलता रहा। अपनी समस्त आर्थिक सफलताओं के बावजूद बिल गेट्स वित्तीय रूप से एक सचेत व्यक्ति हैं और अपनी कंपनी के प्रचार के लिए की गई यात्राओं के दौरान वे सदैव अल्प व्ययी रहे हैं।

लगभग 60.56 अरब डॉलर की व्यक्तिगत संपत्ति के साथ संसार के सबसे अमीर व्यक्ति होने के बावजूद वे माइक्रोसॉफ्ट के अध्यक्ष एवं मुख्य सॉफ्टवेयर निर्माता के रूप में अब भी कार्यरत हैं। रॉन एंडरसन ने 'नेटवर्क कंप्यूटर' में ठीक ही कहा है कि ''माइक्रोसॉफ्ट में बिल गेट्स की उपस्थिति से कंपनी को ऐसी सफलता मिलेगी जिससे उसे दशकों बाद भी याद किया जाएगा।''

लगभग 60.56 अरब डॉलर की व्यक्तिगत संपत्ति के साथ संसार के सबसे अमीर व्यक्ति होने के बावजूद वे माइक्रोसॉफ्ट के अध्यक्ष एवं मुख्य सॉफ्टवेयर निर्माता के रूप में अब भी कार्यरत हैं। रॉन एंडरसन ने 'नेटवर्क कंप्यूटर' में ठीक ही कहा है कि ''माइक्रोसॉफ्ट में बिल गेट्स की उपस्थिति से कंपनी को ऐसी सफलता मिलेगी जिससे उसे दशकों बाद भी याद किया जाएगा।''

कंप्यूटर और व्यापार की दुनिया में 'अद्भुत बालक' (वंडर ब्वॉय) के उपनाम से विख्यात बिल गेट्स ने ऐसी प्रबंधन नीतियाँ निरूपित कीं, जिन्हें अपरिपक्व नहीं कहा जा सकता। जैसा कि बी.बी.सी. पर प्रसारित एक लेख में कहा गया है कि ''बिल गेट्स अपनी आक्रामक कार्यनीति और कठिनाइयों का

मुकाबला करने की प्रबंधन नीति के कारण विख्यात हैं।'' वे एक अत्यंत चमत्कारिक पथ-प्रदर्शक हैं। अपनी कंपनी को सफलता की राह पर ले जाने और बाजार में अत्यधिक प्रतिस्पर्धा के बावजूद कंपनी की आमदनी में 50 प्रतिशत प्रतिवर्ष की बढ़ोतरी के लिए उनकी प्रशंसा की जाती है।

बिल गेट्स की व्यापारिक नीतियाँ

बिल गेट्स विविध व्यापारिक अवधारणाओं और क्षमताओं से संपन्न हैं। व्यापार-संसार में उनकी सफलता का मूल आधार डिजिटल संसाधनों की एक शृंखला है, जिससे वे जुड़े हुए हैं। वे अपने कार्यस्थल का वर्णन इस प्रकार करते हैं—''माइक्रोसॉफ्ट सन् 1975 में स्थापित किया गया था। जब मैं अतीत में झाँकता हूँ तो महसूस करता हूँ कि किस प्रकार कार्य का रूपांतरण हुआ है। हम लोग डिजिटल कार्य-शैली के अभ्यस्त होते जा रहे हैं। यदि आप मेरे कार्यालय को देखें तो आप पाएँगे कि उसमें अधिक कागज नहीं है। मेरी मेज पर तीन स्क्रीन हैं, जिन्हें एक डेस्कटॉप के रूप में कार्य करने के लिए जोड़ दिया गया है। इससे मुझे सूचनाओं को एक स्क्रीन से दूसरे स्क्रीन पर ले जाने में सहायता मिलती है। कंप्यूटर के इस बड़े मॉनीटर पर डेटा के प्रदर्शन से मैं उत्पादकता को सीधे प्रभावित कर सकता हूँ।

माइक्रोसॉफ्ट सन् 1975 में स्थापित किया गया था। जब मैं अतीत में झाँकता हूँ तो महसूस करता हूँ कि किस प्रकार कार्य का रूपांतरण हुआ है। हम लोग डिजिटल कार्य-शैली के अभ्यस्त होते जा रहे हैं। यदि आप मेरे कार्यालय को देखें तो आप पाएँगे कि उसमें अधिक कागज नहीं है। मेरी मेज पर तीन स्क्रीन हैं, जिन्हें एक डेस्कटॉप के रूप में कार्य करने के लिए जोड़ दिया गया है।

मेरे बाएँ हाथ की स्क्रीन पर इ-मेल्स की सूची होती है, जबकि बीच वाली स्क्रीन पर वह इ-मेल होता है जिसे मैं पढ़ रहा होता हूँ अथवा जिस पर प्रतिक्रियारत होता हूँ। मेरी दाईं ओर मेरा ब्राउजर होता है। इस व्यवस्था से काम करते समय आनेवाले नए इ-मेल की जानकारी करने में मुझे सहायता मिलती है। टेलीफोनों, दस्तावेजों, विवरणिकाओं अथवा बैठकों की अपेक्षा इ-मेल एक विकल्प है, जिसे मैं पसंद करता हूँ।

मेरे बाएँ हाथ की स्क्रीन पर इ-मेल्स की सूची होती है, जबकि बीच वाली स्क्रीन पर वह इ-मेल होता है जिसे मैं पढ़ रहा होता हूँ अथवा जिस पर प्रतिक्रियारत होता हूँ। मेरी दाईं ओर मेरा ब्राउजर होता है। इस व्यवस्था से काम करते समय आनेवाले नए इ-मेल की जानकारी करने में मुझे सहायता मिलती है।

प्रतिदिन मैं लगभग 40 लाख इ-मेल प्राप्त करता हूँ। बाद में उन्हें छाँटकर अलग किया जाता है, ताकि मैं उन्हीं मेल्स को प्राप्त कर सकूँ, जो सहयोगी कंपनियों जैसे इंटेल, एच.पी. आदि और किसी ऐसे व्यक्ति से प्राप्त हुए हैं जिससे मैंने कभी भी पत्राचार किया है। मेरे सहायक सदैव ही मेरी अनुमति सूची से बाहर की सभी कंपनियों अथवा अपरिचित व्यक्तियों से प्राप्त इ-मेल्स का विवरण तैयार करते हैं। इस प्रकार मैं उन लोगों के बारे में जान लेता हूँ, जो हमारी प्रशंसा करते हैं अथवा जिन लोगों को हमसे शिकायतें हैं।

मैं कार्य-संपादन सूची से ज्यादा संबद्ध नहीं हूँ। इसकी अपेक्षा मैं इ-मेल, डेस्क टॉप फोल्डर और ऑनलाइन कैलेंडर का इस्तेमाल करता हूँ। जब मैं अपनी मेज पर पहुँचता हूँ तो उन इ-मेल्स पर ध्यान केंद्रित करता हूँ, जिन्हें मैंने 'फ्लैग' कर रखा है। मेरा ध्यान इस बात पर नहीं होता कि इ-मेल का उत्तर किस प्रकार प्रभावशाली तरीके से

दिया जाए, बल्कि इस बात पर होता है कि महत्त्वपूर्ण विषयों से संबंधित इ-मेल पर पर्याप्त समय दिया जाए। मेरा विश्वास है कि सूचनाओं की अधिकता का अर्थ यह नहीं है कि हमारे पास सही सूचनाएँ हैं अथवा मैं उपयुक्त लोगों के संपर्क में हूँ। इससे बचने के लिए मैं 'शेयर पॉइंट' का इस्तेमाल करता हूँ। यह एक ऐसा संसाधन है, जो विशिष्ट परियोजनाओं पर सहयोग के लिए वेब साइट्स की संरचना करता है। इन साइट्स पर योजनाओं, कार्यक्रमों, विचार-विमर्श मंडलियों का विवरण एवं अन्य सूचनाएँ उपलब्ध रहती हैं, जिन्हें कुछ 'क्लिक्स' के जरिए प्राप्त किया जा सकता है। इस प्रकार शेयर पॉइंट के माध्यम से मैं संपूर्ण संगठन में फैले लोगों के संपर्क में बना रहता हूँ।

दूसरा डिजिटल संसाधन जिसने मेरी उत्पादकता को काफी प्रभावित किया है, वह है 'डेस्क टॉप सर्च'। अपने पी.सी. और सर्वर पर इ-मेल के रूप में जिस प्रकार मैं सूचनाएँ प्राप्त करता हूँ उसे इसने पूर्णतः रूपांतरित कर दिया है। मैं केवल टूलबार में सर्च आइटम टाइप कर देता हूँ। क्षण भर में ही वांछित सूचना से संबंधित सभी इ-मेल्स और अन्य दस्तावेज मेरे सामने होते हैं। इसी प्रकार सभी वांछित फोन नंबर और इ-मेल्स के पते भी प्राप्त कर लिये जाते हैं।

दूसरा डिजिटल संसाधन जिसने मेरी उत्पादकता को काफी प्रभावित किया है, वह है 'डेस्क टॉप सर्च'। अपने पी.सी. और सर्वर पर इ-मेल के रूप में जिस प्रकार मैं सूचनाएँ प्राप्त करता हूँ उसे इसने पूर्णतः रूपांतरित कर दिया है। मैं केवल टूलबार में सर्च आइटम टाइप कर देता हूँ। क्षण भर में ही वांछित सूचना से संबंधित सभी इ-मेल्स और अन्य दस्तावेज मेरे सामने होते हैं।

मेरे दिन-प्रतिदिन के कार्यों में कागज की भूमिका महत्त्वपूर्ण नहीं

है। मैं अपने 90 प्रतिशत समाचारों, संवादों और वार्त्ताओं को 'ऑनलाइन' प्राप्त कर लेता हूँ। जब मैं किसी बैठक में भाग लेने जाता हूँ और वहाँ कुछ बातें नोट करना चाहता हूँ तो मैं अपने 'टैबलेट पी.सी.' का इस्तेमाल करता हूँ। यह मेरे कार्यालय की मशीन से पूर्णतः जुड़ा हुआ है और इसलिए आवश्यकता की सभी फाइलें मुझे उपलब्ध रहती हैं। इस टैबलेट पी.सी. में टिप्पणी दर्ज करने के लिए 'वन नोट' नामक एक ऐसा सॉफ्टवेयर है, जो मुझे अपने सभी नोट्स डिजिटल रूप में दर्ज करने में सहायता करता है।

किंतु इन सभी उच्च प्रौद्योगिकी आधारित वस्तुओं का इस्तेमाल करने के बावजूद मेरे कार्यालय में अभी भी निम्न प्रौद्योगिकी आधारित एक श्वेतपट है, जिस पर मैं रंगीन कलमों का इस्तेमाल करना पसंद करता हूँ। चूँकि मेरे कार्य-दिवस अकसर बैठकों में बीतते हैं और पूरे सप्ताह व्यस्त रहता हूँ, इसलिए सप्ताहांत में ही मैं लंबे, विचारपूर्ण इ-मेल्स उत्तर के रूप में भेज पाता हूँ।"

किंतु इन सभी उच्च प्रौद्योगिकी आधारित वस्तुओं का इस्तेमाल करने के बावजूद मेरे कार्यालय में अभी भी निम्न प्रौद्योगिकी आधारित एक श्वेतपट है, जिस पर मैं रंगीन कलमों का इस्तेमाल करना पसंद करता हूँ। चूँकि मेरे कार्य-दिवस अकसर बैठकों में बीतते हैं और पूरे सप्ताह व्यस्त रहता हूँ, इसलिए सप्ताहांत में ही मैं लंबे, विचारपूर्ण इ-मेल्स उत्तर के रूप में भेज पाता हूँ।

बिल गेट्स : दूरदृष्टि-संपन्न निबंधकार

पिछले वर्षों में बिल गेट्स ने कंप्यूटिंग उद्योग में अपने सिद्धांतों, पूर्व-सूचनाओं और स्वप्नों पर आधारित अनेक लेखों का प्रकाशन किया है। अपने लेखों में समसामयिक विषयों पर उन्होंने अपने विचार व्यक्त किए हैं

और माइक्रोसॉफ्ट की योजनाओं का विवेचन किया है। प्रिंट मीडिया की प्रमुख पत्रिकाओं जैसे 'बिजनेस वीक', 'न्यूज वीक', 'यू.एस.ए. टुडे', 'दिइकोनॉमिस्ट' और 'टाइम्स' ने उनके लेखों को प्रकाशित किया है।

उनके कुछ उल्लेखनीय प्रकाशनों में शामिल हैं—

- How to keep America Competitive (The Washington Post, Feb. 29, 2007)
- Enabling Secure Anywhere Access in a Connected world (Executive E-mail, Feb, 2007)
- The United Commnication Revolution (Executive E-mail, June 26, 2006)
- The New Road Ahead (Newsweek, December, 2005)
- Person of the year (Times, Dec.2, 2005)
- The New World of Work (Executive E-mail May 19, 2005)
- The PC Era is Just Begining (Business Week, March 22, 2005)
- The Enduring Magic of Software (Information Week, Oct. 18, 2004)
- Preserving & Enhancing the Benfits of E-mail : A Report (Executive E-mail, June 28, 2004)
- Microsoft Progress Report : Security (Executive E-mail, March 31, 2004)
- Are you Losing Ground in the Innovation Race? (CNET News. Com, Feb 25, 2004)
- A Spam-Free Future (The Washington Post, Nov. 24, 2003)
- Why I Hate Spam (The Wall Street Journal, June 23, 2003)

- Building Trust in Technology (Global Agenda, World Economic Forum, Jan 23, 2003)
- Security in Connected World (Executive E-mail, Jan. 23, 2003)
- The Disappearing Computer : The World in 2003 (The Economist, Dec. 2002)
- Slowing the Spread of AIDS in India (The New York Times, Nov 9, 2002)
- Trustworthy Computing (Executing E-mail, July 18, 2002)
- Computing you can Count on (April 2002)
- Tech in a Time of Trouble, The World in 2002 (The Economist, Dec. 2001)
- Moving into the Digital Decede (Oct. 29, 2001)
- The PC : 20 Yers young (Aug. 12, 2001)
- Why We Are Building Net Technology (June 18, 2001)
- Shaping the Internet Age, Internet Policy Institute (Dec. 2000)
- Now for an Intelligent Internet, The world in 2001 (The Economist, Nov. 2000)
- Will Frankenfood Feed the world? (Time, June 19, 2000)
- Yes, More Trade with China (Washington Post, May 23, 2000)
- The Case for Microsoft (Time, May 7, 2000)
- Enter 'Generation' (Instructor, March 2000)
- Product Distribution Goes Digital (IEEE, Internet Computing, Jan. 2000)

- Beyond Gutenberg, the World in 2000 (The Economist, Nov. 1999)
- Everyone, Anytime, Anywhere (Forbes, ASAP Oct. 4,1999)
- The Second Wave (IEEE Internet Computing, Aug. 18, 1999)
- Microprocessors Upgraded the Way We Live (USA Today, June 22, 1999)
- Why the PC will not Die (News Week, May 31, 1999)
- The 100 most Important People of the Century (Time, March 29, 1999)
- Compete; Don't Delete (The Economist, June 13, 1998)
- Who Decides What Innovations Go Into your PC? (1997)

प्राप्त सम्मान

बिल गेट्स का सॉफ्टवेयर संसार में बहुत बड़ा योगदान है। दुनिया ने भी उनकी सेवाओं को पहचाना है। उन्हें प्रचुर मात्रा में जयप्रतीक मिले हैं। 'टाइम' पत्रिका ने बिल गेट्स को उन लोगों की सूची में रखा है जिन्होंने 20वीं शताब्दी में महत्त्वपूर्ण योगदान दिया है। उन्हें इस सूची में 2004, 2005 और 2006 में भी स्थान दिया गया था। ओप्रा विनफ्रे के अलावा बिल गेट्स एकमात्र ऐसे व्यक्ति हैं जिन्हें इन चारों सूत्रियों में स्थान दिया गया है। मानव-सेवा कार्यों के लिए बिल गेट्स और उनकी पत्नी मिलिंडा को सन् 2005 में 'पर्सन ऑफ दि इयर' से सम्मानित किया गया। बिल गेट्स को महारानी एलिजाबेथ द्वारा नाइटहुड की उपाधि 'नाइट कमांडर ऑफ दि ऑर्डर ऑफ दि ब्रिटिश एंपायर' से भी सम्मानित किया गया।

बिल गेट्स को एक अन्य गौरव 'दि प्रिमियो प्रिंसिपे डी ऑस्ट्रियंस एन कोऑपरेशन इंटरनेशनल' पुरस्कार से सन् 2006 में नवाजा गया। सन् 2006 में ही 'न्यू स्टेट्समैन' द्वारा किए गए एक सर्वेक्षण के अनुसार बिल गेट्स को 'हीरोज ऑफ आवर टाइम' की सूची में आठवाँ स्थान दिया गया। उन्हें सन् 1999 के संडे टाइम्स की 'पावर लिस्ट' में भी शामिल किया गया और 'चीफ एक्जीक्यूटिव ऑफिसर्स' पत्रिका द्वारा सन् 1994 में उन्हें वर्ष का सी.ई.ओ. घोषित किया गया। सन् 1998 में टाइम्स ने उन्हें साइबर क्षेत्र के 50 लोगों में सर्वश्रेष्ठ घोषित किया। वर्ष 1999 में 'अपसाइड एलाइट' के सौ लोगों में उन्हें दूसरा स्थान दिया गया, जबकि 2001 में 'गार्जियन' ने उन्हें उन सौ श्रेष्ठ लोगों में स्थान दिया, जो मीडिया में अत्यंत प्रभावशाली पाए गए थे।

सन् 2006 में ही 'न्यू स्टेट्समैन' द्वारा किए गए एक सर्वेक्षण के अनुसार बिल गेट्स को 'हीरोज ऑफ आवर टाइम' की सूची में आठवाँ स्थान दिया गया। उन्हें सन् 1999 के संडे टाइम्स की 'पावर लिस्ट' में भी शामिल किया गया और 'चीफ एक्जीक्यूटिव ऑफिसर्स' पत्रिका द्वारा सन् 1994 में उन्हें वर्ष का सी.ई.ओ. घोषित किया गया।

इन सम्मानों के अलावा बिल गेट्स को नेइनरोड बिजनेस यूनिवर्सिटी, ब्रेउकेलेन और नीदरलैंड्स ने सन् 2000 में, द रॉयल इंस्टीट्यूट ऑफ टेक्नोलॉजी, स्टॉकहोम, स्वीडन ने वर्ष 2002 में और वासेडा यूनिवर्सिटी, टोकियो, जापान ने सन् 2005 में मानक डॉक्टरेट उपाधियों से सम्मानित किया है। कीट वैज्ञानिकों ने उन्हें *'Eristalis gatisi'*, the flower fly अथवा 'उड़ते हुए फूल' के उपनाम से सम्मानित किया है। 4 मई, 2006 को बिल गेट्स और मेलिंडा को अंतरराष्ट्रीय सहयोग के क्षेत्र में अपनी दानशीलता द्वारा संसार में मानव जीवन को

बेहतर बनाने के प्रयासों के लिए 'प्रिंस ऑफ आस्तुरियाज पुरस्कार' से सम्मानित किया गया। संसार भर में स्वास्थ्य और शिक्षा के क्षेत्र में (विशेष रूप से मेक्सिको के 'अन पाइस डी लेक्टोर्स प्रोग्राम') लोकहितकारी कार्यों के लिए उन्हें 'ऑर्डर ऑफ दि ऐजटेक ईगल' सम्मान प्रदान किया गया।

बिल गेट्स की गुप्त डायरी

गुप्त डायरी 365 संक्षिप्त प्रविष्टियों (1997 में प्रतिदिन 1 प्रविष्टि) का एक संकलन है, जो बिल गेट्स के दैनिक विचारों और पत्राचार का उद्देश्य अभिव्यक्त करता है। इनमें से अधिकांश प्रविष्टियों में उद्योग के बारे में विवरण और अपने प्रतिद्वंद्वियों की तुलना में अपनी श्रेष्ठता का उल्लेख है। इस डायरी में सबसे धनी व्यक्ति की बढ़ती हुई संपदा का विस्तृत विवरण, अपनी केश प्रसाधन शैली के प्रशंसकों को भेजे गए इ-मेल्स का ब्यौरा और 'टॉप-10' की अनेक सूचियाँ तथा अपनी प्रेमिका मेलिंडा के लिए गीत-रचनाएँ संगृहीत हैं।

गुप्त डायरी 365 संक्षिप्त प्रविष्टियों (1997 में प्रतिदिन 1 प्रविष्टि) का एक संकलन है, जो बिल गेट्स के दैनिक विचारों और पत्राचार का उद्देश्य अभिव्यक्त करता है। इनमें से अधिकांश प्रविष्टियों में उद्योग के बारे में विवरण और अपने प्रतिद्वंद्वियों की तुलना में अपनी श्रेष्ठता का उल्लेख है।

272 पेज की यह गुप्त डायरी इस महान् व्यक्ति की हास्यानुकृति (पैरोडी) है। यह उन्हीं के द्वारा चलाई जा रही वेबसाइट पर आधारित है। आप जैसे-जैसे पेज पलटते जाते हैं, डायरी को रुचिकर और परिहासपूर्ण पाते हैं। यह एक विस्मयकारी वेबसाइट है और संसार के सभी भागों से लोग इसे 'विजिट' करते हैं, जिससे यह नेट पर उपलब्ध विभिन्न लोकप्रिय साइटों में पहले नंबर पर आ चुकी है।

जनप्रिय आलेखन

बिल गेट्स को अकसर असीम शक्ति और संपदा के साथ उत्कृष्ट बौद्धिकता एवं निश्छलता के प्रतीक के रूप में चित्रित किया जाता है। इसके विपरीत गेट्स को एक ऐसे निरंकुश शासक के रूप में भी वर्णित किया गया है, जो अकसर कुटिल व्यापारिक नीतियों का उपयोग करता है। परिणामस्वरूप उन्हें फिल्मों, टेलीविजन प्रोग्रामों और वीडियो गेम्स में अनेक हास्यानुकृतियों का विषय बनाया गया है। उनके इ-मेल पते को विस्तृत रूप से प्रचारित किया गया है और ऐसी सूचना है कि सन् 2004 में प्रतिदिन उनके पास 40 लाख इ-मेल्स आते रहे हैं। यद्यपि उनमें से अधिकांश अनुपयोगी (जंक इ-मेल्स) होते हैं, जिनमें लोगों ने यह निवेदन किया होता है कि वे उन्हें ऋण-मुक्त होने में अथवा शीघ्र धनवान् बनने में सहायता करें। नतीजतन,उनके पास एक पूरा विभाग है, जो इन जंक इ-मेल्स को छानकर अलग करता है।

□

4

बिल गेट्स : सच्चा इनसान

अक्तूबर 1955 में जनमे बिल गेट्स टेक्सास की डलास निवासिनी मेलिंडा फ्रेंच के साथ 1 जनवरी, 1994 को परिणय-सूत्र में बँधे। उनके तीन प्यारे से बच्चे हैं—जेनीफर कैथरीन (1996), रोजी जॉन (1999) और फोयबे एडिली (2002)। गेट्स का मकान संसार के बहुत महँगे घरों में से एक है। वाशिंगटन के मेडिना में स्थित यह जल-थल परीक्षित 21वीं सदी का अत्यंत आधुनिक घर है, जो एक पहाड़ी के किनारे और वाशिंगटन झील के सामने बना हुआ है। किंग काउंटी के शासकीय अभिलेखों के अनुसार सन् 2006 में इस भवन का कुल अनुमानित मूल्य 1,250 लाख डॉलर था, जबकि इसका वार्षिक संपत्ति कर लगभग 10 लाख डॉलर है। बिल गेट्स के व्यक्तिगत संग्रहों में 'कोडेक्स लेसेस्टर' और लियोनार्दो द विंची के हस्तलेखों का संग्रह शामिल है, जिसे उन्होंने 1994 की एक नीलामी में 308 लाख डॉलर में खरीदा था।

सहज स्वभावयुक्त एक आकर्षक व्यक्तित्व

चित्ताकर्षक, आशावादी और प्रगतिशील बिल गेट्स हरेक मिलनेवाले के साथ प्रेमपूर्ण और मित्रवत् व्यवहार करते हैं तथा उनका आचरण स्नेहपूर्ण एवं सद्भावपूर्ण होता है। वे जनसाधारण की

आवश्यकताओं का आकलन करने एवं उसके अनुरूप प्रतिक्रिया करने में प्रवीण हैं। आपसी सम्मान एवं सांवेगिक स्वतंत्रता के आधार पर निर्मित संबंधों में गहन विश्वास रखनेवाले गेट्स उन लोगों की ओर आकर्षित होते हैं जो उद्यमी, साहसी और स्वाधीन होते हैं। वे आकर्षक एवं चमत्कारी व्यक्ति हैं। जब किसी महत्त्वपूर्ण व्यापारिक सौदे की बातचीत चल रही होती है तब ऐसे अनेक अवसरों पर उन्होंने दिखा दिया है कि वे धैर्य रख सकते हैं। हार्वर्ड के कठिन आरंभिक दिनों में वे उपयोगी साबित हो चुके हैं। उनका शांत विश्लेषणात्मक मस्तिष्क उन्हें अपने प्रतिद्वंद्वियों से बेहतर नीतिधारक बना देता है।

यद्यपि उन्हें सर्वोच्च व्यक्ति समझा जाता है, किंतु समय-समय पर वे तार्किक बहस करना पसंद करते हैं। इस भूमिका में वे अनेक लोगों के लिए आदर्श बन गए हैं। जीवन की समस्याओं का समाधान ढूँढ़ने के प्रति उनका उत्साह और औत्सुक्य सभी लोगों के लिए प्रेरणा का स्रोत रहा है।

यद्यपि उन्हें सर्वोच्च व्यक्ति समझा जाता है, किंतु समय-समय पर वे तार्किक बहस करना पसंद करते हैं। इस भूमिका में वे अनेक लोगों के लिए आदर्श बन गए हैं। जीवन की समस्याओं का समाधान ढूँढ़ने के प्रति उनका उत्साह और औत्सुक्य सभी लोगों के लिए प्रेरणा का स्रोत रहा है। किंतु वे शीघ्र क्रोधित होनेवाली अपनी मानसिकता और संवेगशील उद्वेगों के कारण उत्पन्न होनेवाले भावावेगों के लिए भी जाने जाते हैं। वास्तव में उन्होंने इस आदत को बचपन में ही उत्पन्न कर लिया था, जब चिड़चिड़ेपन की उनकी प्रवृत्ति अभिव्यक्त होती थी। जिन लोगों ने उनके साथ काम किया है, उनमें से कुछ लोग कहते हैं कि वे अपनी इस आदत से मुक्त नहीं हो सके हैं। निश्चित रूप से वे खुले दिल के मूर्खों का स्वागत नहीं

करते। कंपनी की बैठकों में उन्हें क्रोधित होते, दूसरों पर सामान फेंकते और चिल्लाकर यह कहते हुए देखा गया है कि "मैंने अब तक जो कुछ सुना है उसमें यह अत्यंत मूर्खतापूर्ण है।" जो लोग उनके साथ काम करते हैं उनके लिए यह सुपरिचित वाक्य है—उन्हीं के शब्दों में—"समय बहुत कम है। यदि लोग उन्हीं चीजों को दुहरा रहे हैं, जिन्हें मैं पहले से जानता हूँ अथवा यदि वे कुशाग्र बुद्धि नहीं हैं या वे ध्यानपूर्वक मुझे नहीं सुनते और मेरे सूक्ष्म तात्पर्यों को ग्रहण नहीं करते तो उनके साथ काम करने का कोई लाभ नहीं है। वे मेरी टीम के सदस्य नहीं हैं।" वे एक सुस्पष्ट और ईमानदार व्यक्ति हैं और अपनी व्यक्तिगत दुर्बलताओं या सहयोग, आराम और सांत्वना की आवश्यकताओं को दरशाना पसंद नहीं करते। अकसर वे स्वयं व्याकुल हो उठते हैं और वे लोग उन्हें बहुत नापसंद हैं, जो शिकायत करते हैं।

बिल गेट्स बहुत जल्दी बुरा मान जाते हैं। उनकी प्रवृत्ति संघर्ष करने, प्रतिरक्षा करने, कार्य पहले करने और सवाल बाद में पूछने की है। उनकी मन:स्थिति परिवर्तित होती रहती है और वे कभी तो लोगों से मिलना-जुलना चाहते हैं और कभी अकेले रहते हुए एकांत में नवोत्साह का सृजन करना चाहते हैं।

बिल गेट्स बहुत जल्दी बुरा मान जाते हैं। उनकी प्रवृत्ति संघर्ष करने, प्रतिरक्षा करने, कार्य पहले करने और सवाल बाद में पूछने की है। उनकी मन:स्थिति परिवर्तित होती रहती है और वे कभी तो लोगों से मिलना-जुलना चाहते हैं और कभी अकेले रहते हुए एकांत में नवोत्साह का सृजन करना चाहते हैं। वे स्वयं अपनी कड़ी आलोचना करते हैं और किन्हीं साधारण विफलताओं के कारण अधीर, चिड़चिड़े एवं क्रोधित होना उनके स्वभाव का अभावात्मक पक्ष है। शारीरिक श्रमहीनता के कारण वे क्रोधित हो जाते हैं। वास्तव में वे उस समय बहुत अच्छे रहते हैं

जब टेनिस खेल रहे होते हैं अथवा जब वे किसी प्रतिस्पर्धात्मक खेलकूद में व्यस्त रहते हैं। वे शांत और निरुद्विग्न परिवेश की अपेक्षा कोलाहलपूर्ण, उल्लासमय और प्रतिस्पर्धी वातावरण पसंद करते हैं।

अत्यंत भावुक और मनोवेगपूर्ण बिल गेट्स अपने संबंधों और लगावों के प्रति बहुत संवेदनशील हैं। किंतु किसी पर विश्वास करने के लिए वे समय लेते हैं। वे उन लोगों के प्रति आकर्षित होते हैं जिनके इर्द-गिर्द रहस्य की चादर पड़ी होती है। ऐसा समझा जाता है कि अपने दार्शनिक निवेश गुरु वॉरेन बफेट से उनकी दोस्ती उनके जीवन के तनावों को काफी कम करती है। अभी हाल के दिनों से वे उनकी सृजनात्मकता और कला के प्रति रुझान को समृद्ध करने में काफी रुचि ले रहे हैं।

> ***अत्यंत भावुक और मनोवेगपूर्ण बिल गेट्स अपने संबंधों और लगावों के प्रति बहुत संवेदनशील हैं। किंतु किसी पर विश्वास करने के लिए वे समय लेते हैं। वे उन लोगों के प्रति आकर्षित होते हैं जिनके इर्द-गिर्द रहस्य की चादर पड़ी होती है।***

सितारों का सितारा

बिल गेट्स के जीवन की मूलभूत आवश्यकताओं, मूल्यों और दिशा को फलित ज्योतिष संबंधी चार प्रतीकों द्वारा अभिव्यक्त किया जा सकता है। प्रत्येक व्यक्ति में इन चारों मूलभूत तत्त्वों या ऊर्जाओं का एक अनोखा संतुलन होता है। अग्नि (सहृदयता, प्रेरणा और उत्साह), पृथ्वी (व्यावहारिकता, यथार्थता, भौतिक वस्तुओं में रुचि), वायु (सामाजिक व बौद्धिक गुण) और जल (सांवेगिक आवश्यकताएँ एवं अनुभूतियाँ)। अधिकांश लोग असंतुलित अथवा अपूर्ण होते हैं। यदि बिल गेट्स में किसी तत्त्व की कमी है तो इसका अर्थ केवल इतना ही है कि उन्हें वह तत्त्व चैतन्य होकर अपने अंदर विकसित करना है अथवा उस क्षेत्र में कठिन परिश्रम करना है,

ताकि उसकी पूर्ति की जा सके। वे सुरक्षा की विश्वसनीय भावना के अभाव में इस संसार में अलग-थलग महसूस करते हैं। वे अकसर अपनी कल्पना के व्यक्तिगत संसार में विचरण करते रहते हैं। यद्यपि उनका आंतरिक जीवन समृद्ध है, फिर भी उससे कुछ रचनात्मक करने की प्रवृत्ति से वह कतराते रहते हैं। जीवन का उदासीन भौतिक पक्ष उन्हें या तो व्यग्र कर देता है अथवा वह उन्हें अरुचिकर लगता है। उन्हें अपने इस पक्ष को स्वयं विकसित करने की आवश्यकता पड़ती है। स्थिरता, धैर्य और व्यावहारिकता ऐसे गुण हैं जिन्हें एक अर्थपूर्ण जिंदगी जीने के लिए उन्हें विकसित करने की आवश्यकता है।

बिल गेट्स का निवास स्थान सिएटल के उत्तर में (जिसके वह विस्कोसिन, टेक्सास और अन्य छोटी संपत्तियों सहित मालिक हैं) स्थित है। बड़े ही सुरुचिपूर्ण तरीके से इसे रूपांकित किया गया है। इसमें शार्क के लिए एक जलाशय, घड़ियालों के लिए कुंड, बतखों (स्क्रूज मैकडक) की मोम की मूर्तियाँ और नाभिकीय पुष्ट तहखाने का निर्माण किया गया है।

भोर का निवास

बिल गेट्स का निवास स्थान सिएटल के उत्तर में (जिसके वह विस्कोसिन, टेक्सास और अन्य छोटी संपत्तियों सहित मालिक हैं) स्थित है। बड़े ही सुरुचिपूर्ण तरीके से इसे रूपांकित किया गया है। इसमें शार्क के लिए एक जलाशय, घड़ियालों के लिए कुंड, बतखों (स्क्रूज मैकडक) की मोम की मूर्तियाँ और नाभिकीय पुष्ट तहखाने का निर्माण किया गया है। जब वे काम नहीं कर रहे होते हैं तब अपने पशु विश्रामिका की गहराइयों में बैठकर अपनी सफेद बिल्ली को थपथपाते और बक-बक करते हुए आनंद लेते हैं, जबकि उनके मॉनीटर पर एक हाइड्रोजन बम का

एक अग्नि-पिंड गूगल मुख्यालय को लगातार ध्वस्त करता रहता है। सन् 2005 में किंग काउंटी शासकीय अभिलेखों के अनुसार इस संपत्ति (भूमि और भवन) की कुल अनुमानित कीमत 1,250 लाख डॉलर और वार्षिक संपत्ति कर 9,90,000 डॉलर था। इस भूमि को दिसंबर 1988 में 20 लाख डॉलर में खरीदा गया था और इस पर सात वर्षों तक निर्माण कार्य चलने के बाद सन् 1995 में इसे सांकेतिक रूप से पूरा कर लिया गया।

बिल गेट्स संपन्न और शक्तिशाली लोगों का वाशिंगटन के मेडिना स्थित एक पहाड़ी के किनारे वाशिंगटन झील के सामने बने अपने विशाल जल-थल संकट-प्रतिरोधक भवन में अकसर आदर-सत्कार किया करते हैं। 'पैसिफिक लॉज शैली' में श्रेष्ठ सुविधाओं से युक्त जैसे एक बड़ा व्यक्तिगत पुस्तकालय और एक कलशाकार अध्ययन कक्ष के साथ यह भवन 50,000 वर्गफीट (4,600 वर्ग मीटर) स्थान घेरते हुए 5.15 एकड़ भूमि पर बना हुआ है। इसके अतिरिक्त अलग से इसमें 16,000 वर्गफीट में गैराज और नौकर-चाकरों के रहने के लिए भी मकान बने हुए हैं। इस महल में व्यक्तिगत पार्टियों के दौरान संयुक्त राज्य अमेरिका का गृह सुरक्षा विभाग 'लेक वाशिंगटन हाउस' के चारों ओर के क्षेत्र को अस्थायी रूप से सुरक्षित क्षेत्र घोषित कर देता है। जेम्स कटलर आर्किटेक्ट्स के प्रमुख जेम्स कटलर एवं भवन-निर्माण विषयक कंपनी बोहलिन साइविंस्की जैक्सन के सहयोग से इस भवन का डिजाइन तैयार किया गया है। इसकी आंतरिक साज-सज्जा का श्रेय थियेरी डेस्पॉण्ट को मिला है।

बिल गेट्स संपन्न और शक्तिशाली लोगों का वाशिंगटन के मेडिना स्थित एक पहाड़ी के किनारे वाशिंगटन झील के सामने बने अपने विशाल जल-थल संकट-प्रतिरोधक भवन में अकसर आदर-सत्कार किया करते हैं।

बिल ने तो यहाँ तक किया कि देवदार के एक वृक्ष को मूल स्थान से छह इंच इसलिए खिसकाया, क्योंकि वे समझते थे कि वह अनुपयुक्त स्थान पर है। महल का मुख्य रंग लाल है और इसमें 104 विद्युत्कर्मियों सहित 300 लोगों ने लगभग सात वर्षों तक कार्य करके इसे पूरा किया है। संपत्ति अभिलेखों के अनुसार इसमें आठ शयन कक्ष और भवन के चार तल हैं।

बिल गेट्स ने अपने भवन में इलेक्ट्रॉनिक्स का भरपूर उपयोग किया है। प्रवेश द्वार पर मेहमानों की पड़ताल की जाती है और प्रत्येक को एक 'माइक्रोचिप' दिया जाता है, जो संपूर्ण महल के प्रत्येक भाग में मेहमानों की अभिरुचि को ध्यान में रखते हुए तापक्रम एवं अन्य स्थितियों को पहले से निर्धारित किए गए व्यक्तिगत पसंद के अनुरूप व्यवस्थित करने के लिए संकेत भेजता रहता है। महल के अंदर 17 फीट × 60 फीट (5.1 मी. × 18.2 मी.) का एक तरण कुंड है, जिसमें पानी के अंदर संगीत प्रणाली एवं कलात्मक पत्थरों के फर्श की व्यवस्था की गई है। इसमें शीशे की एक दीवार भी है, जिसके नीचे डुबकी लगाकर टैरेस के रास्ते बाहर निकला जा सकता है। इसके अलावा महल के दरवाजों का प्रत्येक हैंडल सी.एन.सी. मशीन पर बिल गेट्स के विशेष निर्देशों के अनुसार बनाया गया है, जिसकी अनुमानित लागत

बिल गेट्स ने अपने भवन में इलेक्ट्रॉनिक्स का भरपूर उपयोग किया है। प्रवेश द्वार पर मेहमानों की पड़ताल की जाती है और प्रत्येक को एक 'माइक्रोचिप' दिया जाता है, जो संपूर्ण महल के प्रत्येक भाग में मेहमानों की अभिरुचि को ध्यान में रखते हुए तापक्रम एवं अन्य स्थितियों को पहले से निर्धारित किए गए व्यक्तिगत पसंद के अनुरूप व्यवस्थित करने के लिए संकेत भेजता रहता है।

2,000 डॉलर है। बिल के इस भवन में 'एक्स-बॉक्स' सहित कुछ सूक्ष्म यंत्र भी लगे हुए हैं। एक्स-बॉक्स पूरी तरह से प्रोग्राम किया हुआ एक लड़ाकू रोबोट है, जो बटन दबाते ही सक्रिय हो सकता है। अफवाह यह भी है कि बिल गेट्स इन 'एक्स-बॉक्सेज' की एक सेना के साथ गूगल मुख्यालय पर आक्रमण की तैयारी कर रहे हैं।

इसके अलावा बिल गेट्स के पास ग्रीष्म ऋतु में निवास के लिए एक और भवन भी है, जिसे वे 'फोट्रेस ऑफ सोलिट्यूड' यानी शांति का किला कहते हैं। यह भी एक बहुत महँगा भवन है, जिसमें बगीचे हैं और संसार भर से एकत्रित की गई कलात्मक वस्तुएँ संगृहीत हैं।

पृथ्वी पर सबसे धनी व्यक्ति

सन् 1996 से 2006 तक 'फोर्ब्स' पत्रिका ने 50 अरब डॉलर और उससे ऊपर की संपत्ति वाले संसार के 400 धनवान् लोगों की सूची में बिल गेट्स को सबसे ऊपर रखा था। सन् 1999 में उनकी संपत्ति 100 अरब डॉलर से ऊपर पहुँच चुकी थी, जिससे वे संसार के प्रथम 'सेंटीबिलियोनेयर' (यू.एस. डॉलर में) बन चुके थे। बिल गेट्स संसार के सबसे धनी व्यक्ति हैं। सन् 2001 में उनकी अनुमानित संपत्ति 58.7 अरब डॉलर थी, जो कि माइक्रोसॉफ्ट में उनकी 22 प्रतिशत हिस्सेदारी पर आधारित है। किंतु वे अब तक के धनवान् लोगों में पाँचवें स्थान पर ही हैं। बिल गेट्स की उम्र अभी भी 40 के दशक में ही है। लीग टेबल

सन् 1996 से 2006 तक 'फोर्ब्स' पत्रिका ने 50 अरब डॉलर और उससे ऊपर की संपत्ति वाले संसार के 400 धनवान् लोगों की सूची में बिल गेट्स को सबसे ऊपर रखा था। सन् 1999 में उनकी संपत्ति 100 अरब डॉलर से ऊपर पहुँच चुकी थी, जिससे वे संसार के प्रथम 'सेंटीबिलियोनेयर' (यू.एस. डॉलर में) बन चुके थे।

में उनके प्रोन्नति की संभावना है। माइक्रोसॉफ्ट अमेरिका के सकल घरेलू उत्पाद से भी अधिक तेजी से बढ़ रहा है। यदि यह प्रवृत्ति बनी रही तो वह दिन दूर नहीं है जब दूसरों को पीछे छोड़ते हुए गेट्स इस पृथ्वी पर अब तक के सबसे धनी व्यक्ति होंगे।

सन् 2000 से माइक्रोसॉफ्ट के स्टॉक का अधिकृत मूल्य डॉट काम धोखाधड़ी एवं अपने मानव-सेवा प्रतिष्ठानों में अरबों डॉलर के दान के कारण आई शेयरों की कीमत में गिरावट से कुछ कम हुआ है।

मई 2007 में एक साक्षात्कार के दौरान बिल गेट्स ने कहा था कि वे यह नहीं चाहते कि वे संसार में सबसे धनी व्यक्ति हों, क्योंकि इससे उन पर पड़नेवाले लोगों के ध्यान को वह पसंद नहीं करते।

बिल गेट्स ने माइक्रोसॉफ्ट से बाहर भी अनेक निवेश किए हैं। उन्होंने सन् 1989 में एक डिजिटल इमेजिंग कंपनी 'कोर्बिस' की स्थापना की । लगभग एक दशक बाद सन् 2004 में वे अपने पुराने मित्र वॉरेन बफेट के नेतृत्व में चल रही निवेश कंपनी 'बर्कशायर हैथवे' के निदेशक बने। विभिन्न प्रकार की संपत्तियों की व्यवस्था करनेवाली कंपनी 'कैसकेड इन्वेस्टमेंट ग्रुप' के भी बिल गेट्स एक ग्राहक हैं।

बिल गेट्स ने माइक्रोसॉफ्ट से बाहर भी अनेक निवेश किए हैं। उन्होंने सन् 1989 में एक डिजिटल इमेजिंग कंपनी 'कोर्बिस' की स्थापना की । लगभग एक दशक बाद सन् 2004 में वे अपने पुराने मित्र वॉरेन बफेट के नेतृत्व में चल रही निवेश कंपनी 'बर्कशायर हैथवे' के निदेशक बने।

मुक्तहस्त व्यय में रुचि

बिल गेट्स अपनी अति व्ययिता के लिए मशहूर हैं। उनके पास महँगी स्पोर्ट्स कारों का एक बड़ा बेड़ा है एवं सिएटल के बाहरी क्षेत्र में

500 लाख डॉलर का उनका महल इस तथ्य का प्रमाण है। अभी हाल ही में उन्होंने लियोनार्दो द विंची की सचित्र पांडुलिपि 308 लाख डॉलर में खरीदी है। इस क्रय ने किसी को यह इंगित करने के लिए प्रेरित किया है कि बिल गेट्स संभवत: भविष्य में अपने आपको द विंची के रूप में देखते हैं, जिनके भविष्य की कल्पनाएँ बाद की शताब्दियों में सच साबित हुई हैं।

यदि आप किसी भी विषय में पारंगत हैं तो आपको बहुत सावधान रहना होगा। यह सुनिश्चित कर लें कि जिन विषयों में आप उतने अच्छे नहीं हैं उनमें भी आप अपने आपको पारंगत न समझ बैठें। मैं प्रतिदिन यहाँ आता हूँ और महान् लोगों की एक टीम के साथ काम करता हूँ, जो यह कोशिश करते हैं कि सर्वोत्तम सॉफ्टवेयर का निर्माण किस प्रकार किया जाए।

किंतु वास्तविकता यह है कि बिल गेट्स ने वर्तमान में अपने पाँव बड़ी मजबूती से जमा रखे हैं और उनकी सबसे बड़ी विशेषता यह है कि वे प्रौद्योगिकी के नूतन अन्वेषणों को उपयोगिता से भली-भाँति जोड़ने में माहिर हैं। वे कभी भी अपनी सीमाओं को पहचानने में भूल नहीं करते—ऐसे प्रवीण व्यक्ति में यह एक असामान्य गुण है।

बिल गेट्स के अनुसार, ''यदि आप किसी भी विषय में पारंगत हैं तो आपको बहुत सावधान रहना होगा। यह सुनिश्चित कर लें कि जिन विषयों में आप उतने अच्छे नहीं हैं उनमें भी आप अपने आपको पारंगत न समझ बैठें। मैं प्रतिदिन यहाँ आता हूँ और महान् लोगों की एक टीम के साथ काम करता हूँ, जो यह कोशिश करते हैं कि सर्वोत्तम सॉफ्टवेयर का निर्माण किस प्रकार किया जाए। वे प्रतिपुष्टि (फीडबैक) सुनते हैं और आवश्यक शोध करते हैं।''

बिल गेट्स : रॉक स्टार

बिल गेट्स का एक कम प्रसिद्ध गुण है—संगीत में उनकी अभिरुचि। उन्होंने तो संगीत के क्षेत्र में थोड़े समय तक काम भी करना पसंद किया था। यह उस समय शुरू हुआ, जब एक दिन वे एक स्थानीय बार में चले गए और गाना शुरू कर दिया। इससे जीन सिमोंस आकर्षित हुए और उन्होंने तुरंत एक रेकॉर्ड के सौदे की व्यवस्था की। इससे उत्साहित होकर बिल गेट्स ने युग्म मुरली वादक लिनस तोरवाल्ड्स को नियुक्त किया और अपने बैंड को 'मेटालीसॉफ्ट' नाम दिया। यह काफी लोकप्रिय हुआ और शीघ्र ही 'ब्लू स्क्रीन ऑफ डेथ' के बाजार में आने पर भारी धातु की मुख्य धारा में शामिल हो गया। एम.टी.वी. पर इसके बार-बार बजाए जाने से उत्साहित होकर बिल गेट्स ने दूसरा एलबम 'मास्टर ऑफ वायरससेज' लिखा और रेकॉर्ड किया। इसके बाद शीघ्र ही उन्होंने 'एस्केप की' और 'विडोंज : वोल्यूम फोर' बाजार में उतारा।

एम.टी.वी. पर इसके बार-बार बजाए जाने से उत्साहित होकर बिल गेट्स ने दूसरा एलबम 'मास्टर ऑफ वायरससेज' लिखा और रेकॉर्ड किया। इसके बाद शीघ्र ही उन्होंने 'एस्केप की' और 'विडोंज : वोल्यूम फोर' बाजार में उतारा।

किंतु चौथे एलबम के बाद जल्दी ही परिस्थितियों ने बिल गेट्स को लिनस तोरवाल्डस को बैंड से निकालने के लिए बाध्य कर दिया। प्रतिरोध में लिनस ने एक अपना बैंट 'मेगालिनक्स' प्रारंभ किया। इसी बीच बिल गेट्स ने पाँचवें एलबम पर कार्य शुरू किया। इसका नाम 'फक मैक' रखा गया, किंतु यह पहले चार एलबमों की तरह लोकप्रिय नहीं हुआ। इसके अलावा बिल गेट्स द्वारा किसी भी दूसरे एलबम की बिक्री को बाजार में रोक देने की नीति के कारण उनका यह एलबम व्यापारिक

रूप से विफल रहा। 'फक मैक' की विफलता के साथ ही 'सिस्टम ऑफ मैकिंटोश और लिंप यूनिक्स' जैसे अन्य बैंड्स बाजार में जनप्रिय होते गए। इसलिए बिल गेट्स ने 'मोनोपोली ब्रेकअप' 'द मेटालीसॉफ्ट ईयर्स' प्रस्तुत किया और अपनी संगीत जीवन-यापन प्रणाली से सदा के लिए विदाई ले ली।

□

5

लोक-हितैषी अरबपति

सन् 2000 में बिल गेट्स और उनकी पत्नी मेलिंडा ने 'बिल ऐंड मेलिंडा गेट्स फाउंडेशन' की स्थापना की। यह एक लोकहितकारी संस्थान है, जो उत्कृष्ट कार्यों जैसे गरीब अल्पसंख्यकों को कॉलेज में अध्ययन के लिए छात्रवृत्ति, एड्स से बचाव, विकासशील देशों में फैले रोगों के उपचार आदि के लिए धनराशि उपलब्ध कराने के लिए अनुदान प्रदान करती है। सन् 2000 में गेट्स फाउंडेशन ने कैंब्रिज विश्वविद्यालय को 2,100 लाख डॉलर की स्थायी निधि 'गेट्स कैंब्रिज छात्रवृत्तियों' के लिए प्रदान की। इस संस्थान ने7 अरब डॉलर से अधिक की धनराशि जिसमें 1 अरब डॉलर 'यूनाइटेड नीग्रो कालेज फंड' शामिल है, विभिन्न लोकहितकारी कार्यों के लिए अनुदान के रूप में दिए हैं।

'फोर्ब्स' पत्रिका के सन् 2004 में प्रकाशित एक लेख के अनुसार—बिल गेट्स ने 29 अरब डॉलर से अधिक की धनराशि दानस्वरूप दी है, जिससे अति संपन्न व्यक्तियों की सोच में लोकहितकारी कार्यों के प्रति एक महत्त्वपूर्ण परिवर्तन आया है और लोकोपकार एक मानक बन गया है। उनकी परोपकारिता इस संसार में कितना रचनात्मक अंतर ला सकती है—इसे समझते हुए बिल गेट्स ने 16 जून, 2006 को यह घोषणा की कि अब से वे माइक्रोसॉफ्ट के संचालन कार्यों में प्रतिदिन न लगे रहकर

केवल अंशकालिक भूमिका का ही निर्वाह करेंगे, ताकि वे लोकोपकारी कार्यों में पूरा समय दे सकें।

बिल और मेलिंडा गेट्स प्रतिष्ठान (एक परिदृश्य)

बिल और मेलिंडा गेट्स प्रतिष्ठान ने सन् 2000 में अपनी स्थापना के बाद से ही संसार में असमानताओं को दूर करने एवं लोगों के जीवन में सुधार करने के लिए कार्य करना शुरू कर दिया है, क्योंकि वे विश्वास करते हैं कि प्रत्येक जीवन समान रूप से महत्त्वपूर्ण है।

बिल और मेलिंडा गेट्स प्रतिष्ठान ने सन् 2000 में अपनी स्थापना के बाद से ही संसार में असमानताओं को दूर करने एवं लोगों के जीवन में सुधार करने के लिए कार्य करना शुरू कर दिया है, क्योंकि वे विश्वास करते हैं कि प्रत्येक जीवन समान रूप से महत्त्वपूर्ण है।

विश्व समुदाय को स्वास्थ्य और शिक्षा के क्षेत्र में आधुनिक प्रौद्योगिकी का लाभ उपलब्ध कराने के लिए कृतसंकल्प यह प्रतिष्ठान कुछ मूल सिद्धांतों से नियंत्रित होता है—

1. यह प्रतिष्ठान अनुदान देने के लिए कुछ क्षेत्रों में ही अपनी शक्ति केंद्रित करता है, ताकि उन सर्वोत्तम तरीकों को सीखा जा सके जिससे अभावग्रस्त लोगों को अधिकतम संभावित लाभ मिल सके। यह उन समस्याओं को ही चुनता है, जो अधिकांश लोगों को प्रभावित करते हैं और जिनकी घोर उपेक्षा की गई है।
2. इसकी विश्वव्यापी स्वास्थ्य योजना ऐसे रोगों और स्वास्थ्य की उन स्थितियों पर जोर देती है जिनसे बीमारी उत्पन्न होती है

और लोगों की मृत्यु होती है। इनमें ऐसे रोग शामिल हैं जैसे टी.बी. और मलेरिया, जिनका संपन्न देशों में अस्तित्व ही नहीं है, किंतु विकासशील देशों में इन रोगों से लाखों लोग मरते हैं। एड्स पर खास ध्यान दिया जाता है, जो विशेष रूप से गरीब देशों में 50 लाख नए लोगों को प्रतिवर्ष ग्रसित कर रहा है।

3. यह प्रतिष्ठान लोगों का जीवन सुधारने के लिए विज्ञान और प्रौद्योगिकी की शक्ति के इस्तेमाल में भी विश्वास करता है। यह अभावग्रस्त लोगों की समस्याओं के समाधान के लिए विज्ञान और प्रौद्योगिकी का उपयोग करने की कोशिश करता है। इस प्रतिष्ठान की 'वैश्विक विकास योजना' 'अपॉरचुनिटी इंटरनेशनल' नामक संस्था के साथ मिलकर अपेक्षाकृत एक साधारण प्रौद्योगिकी पर कार्य कर रही है, जो बीमारी में लोगों को गंभीर अभाव से बचाने में सहायक है।

बिल और मेलिंडा गेट्स प्रतिष्ठान सहभागिता के महत्त्व के प्रति पूर्ण रूप से वचनबद्ध है। विभिन्न संस्थाओं की प्रतिभाओं और अनेक लोगों के संसाधनों का उपयोग करते हुए यह सरकारों, व्यापारिक संस्थानों और अन्य अलाभकारी संगठनों से मिलकर संयुक्त रूप से कार्य करता है।

बिल और मेलिंडा गेट्स प्रतिष्ठान सहभागिता के महत्त्व के प्रति पूर्ण रूप से वचनबद्ध है। विभिन्न संस्थाओं की प्रतिभाओं और अनेक लोगों के संसाधनों का उपयोग करते हुए यह सरकारों, व्यापारिक संस्थानों और अन्य अलाभकारी संगठनों से मिलकर संयुक्त रूप से कार्य करता है।

बफेट की संपत्ति : प्रतिष्ठान के लिए वरदान

बिल और मेलिंडा गेट्स के प्रयासों से प्रभावित होकर संसार के दूसरे नंबर के धनवान् व्यक्ति जिनकी बर्कशायर हैथवे में 44 अरब डॉलर की संपत्ति है और जो बिल गेट्स के घनिष्ठ मित्र एवं निवेश गुरु भी हैं—वॉरेन बफेट ने जून 2006 में 37 अरब डॉलर की विशाल धनराशि का योगदान दिया। इससे यह प्रतिष्ठान सन् 2009 में दिए जानेवाले अनुदानों को दूना करने में समर्थ हो सकेगा। 'फार्चुन' पत्रिका को दिए गए एक साक्षात्कार में बफेट ने कहा कि सन् 2004 में परलोकवासी हुई उनकी पत्नी सुसन ने लोक-कल्याणकारी कार्यों को प्रोत्साहित किया था। 37 अरब डॉलर की राशि अनुदानस्वरूप देते समय उन्होंने कहा कि ''मैं एक बड़ी धनराशि का अनुदान लोकहितकारी कार्यों में देने के लिए दशकों से प्रतीक्षारत था। मैं अत्यंत प्रसन्न हूँ। इस विषय पर मैं पिछले पचास वर्षों से विचार कर रहा था। इसके अलावा कभी भी कोई दूसरी योजना नहीं थी कि पैसा कहाँ लगाया जाय। स्वर्ग तक पहुँचने के एक से अधिक रास्ते हैं, किंतु यह रास्ता सबसे अच्छा है। जब तक मेरे और मेरे परिवार के पास पर्याप्त धन है, मैं अतिरिक्त धन को देता रहूँगा। मैं वंशीय संपदा का पक्षधर नहीं हूँ, विशेष रूप से उस स्थिति में जब 6 अरब लोग हमारी अपेक्षा जीवन में बहुत अधिक गरीबी झेल रहे हैं। उन्हें

बिल और मेलिंडा गेट्स के प्रयासों से प्रभावित होकर संसार के दूसरे नंबर के धनवान् व्यक्ति जिनकी बर्कशायर हैथवे में 44 अरब डॉलर की संपत्ति है और जो बिल गेट्स के घनिष्ठ मित्र एवं निवेश गुरु भी हैं—वॉरेन बफेट ने जून 2006 में 37 अरब डॉलर की विशाल धनराशि का योगदान दिया। इससे यह प्रतिष्ठान सन् 2009 में दिए जानेवाले अनुदानों को दूना करने में समर्थ हो सकेगा।

इस धन से लाभान्वित होने का अवसर मिलता है।'' बफेट के अनुदान से गेट्स प्रतिष्ठान का आकार दूने से भी बड़ा हो जाएगा। यह अनुदान की राशि अतीत के सभी जन–हितैषियों द्वारा दिए गए अनुदानों की राशि से अधिक है, जिससे इसे संयुक्त राज्य अमेरिका में सबसे बड़ा अनुदान होने का गौरव प्राप्त हुआ है। धनकोष में वृद्धि के अलावा वॉरेन का अनुदान प्रतिष्ठान को प्रेरणा देता है तथा इसे अपनी जिम्मेदारियों एवं अभावग्रस्त लोगों की सहायता के अवसरों के प्रति और अधिक सजग करता है। प्रतिष्ठान द्वारा जारी एक बयान में बिल गेट्स और उनकी पत्नी ने कहा था, ''संसार की अत्यंत चुनौतीपूर्ण विषमताओं को दूर करने के लिए अपने धन का उपयोग करने के अपने मित्र वॉरेन बफेट के निर्णय से हम लोग श्रद्धायुक्त विस्मय का अनुभव कर रहे हैं। बफेट की दानशीलता के प्रभाव को दशकों में भी पूरी तरह नहीं समझा जा सकेगा। हम जैसे-जैसे काम में आगे बढ़ रहे हैं, हमें अपनी जिम्मेदारियों का गहन अनुभव भी हो रहा है। बफेट और संपूर्ण विश्व में अपने सहभागियों के साथ काम करते हुए हम महसूस कर रहे हैं कि अभावग्रस्त लोगों के जीवन में रचनात्मक सुधार लाने का हमारे पास एक बहुत बड़ा अवसर है।

संसार की अत्यंत चुनौतीपूर्ण विषमताओं को दूर करने के लिए अपने धन का उपयोग करने के अपने मित्र वॉरेन बफेट के निर्णय से हम लोग श्रद्धायुक्त विस्मय का अनुभव कर रहे हैं। बफेट की दानशीलता के प्रभाव को दशकों में भी पूरी तरह नहीं समझा जा सकेगा। हम जैसे-जैसे काम में आगे बढ़ रहे हैं, हमें अपनी जिम्मेदारियों का गहन अनुभव भी हो रहा है।

सन् 1994 में गेट्स प्रतिष्ठान की स्थापना के समय से ही न्यास ने विश्वव्यापी स्वास्थ्य, विकास में सहयोग, परीक्षण, मलेरिया, टी.बी.

और विकासशील देशों में प्रतिवर्ष लाखों बच्चों की मौत का कारण बने तीव्र अतिसार की रोग-थाम के लिए टीकों का निर्माण और उनके वितरण पर अपना ध्यान केंद्रित किया है।

बिल गेट्स : सफलता का पर्याय

बिल गेट्स अनवरत प्रयत्न करनेवाले एक महान् व्यक्ति हैं और वे कठिन परिश्रम में विश्वास करते हैं। वे सफलता प्राप्त करने के लिए कठिनतम प्रयास करते हैं। उत्कृष्ट बौद्धिक क्षमता और कठिन परिश्रम में उनके विश्वास ने ही आज उन्हें उस मुकाम पर पहुँचा दिया है, जहाँ वे आज हैं। वे सही स्थान पर सही समय पर होते हैं। वे अपनी नियति के निर्माता स्वयं हैं और भाग्य में विश्वास नहीं करते। सफलता के उनके दो मूल मंत्र हैं—कठिन परिश्रम कीजिए और प्रतिस्पर्धी बनिए। छोटी सॉफ्टवेयर कंपनियों के अनुसार—"हम माइक्रोसॉफ्ट से बेहतर उत्पाद नहीं प्रस्तुत कर सकते। हम उन्हें बाजार में लोकप्रिय भी नहीं बना सकते, क्योंकि मूल्य और प्रचार की दृष्टि से माइक्रोसॉफ्ट हमें सदैव ही मात कर देगा।" किंतु बिल गेट्स इसे मात्र एक अच्छी प्रतिस्पर्धा समझते हैं और वे अपनी अंतिम साँस तक छोटी कंपनियों के उत्पादों को मात देते रहेंगे। यह दिलचस्प है कि उनके प्रिय खेलों में एक है—'गेम ऑफ रिस्क यानी जोखिम का खेल'—संसार में प्रमुखता का खेल।

बिल गेट्स अनवरत प्रयत्न करनेवाले एक महान् व्यक्ति हैं और वे कठिन परिश्रम में विश्वास करते हैं। वे सफलता प्राप्त करने के लिए कठिनतम प्रयास करते हैं। उत्कृष्ट बौद्धिक क्षमता और कठिन परिश्रम में उनके विश्वास ने ही आज उन्हें उस मुकाम पर पहुँचा दिया है, जहाँ वे आज हैं। वे सही स्थान पर सही समय पर होते हैं।

उनके अपने ही शब्दों में, ''यदि आप बुद्धिमान हैं और यह जानते हैं कि अपनी बुद्धि का इस्तेमाल किस प्रकार किया जाए, तो आप कुछ भी हासिल कर सकते हैं। यदि आप कठिन परिश्रम नहीं करते तो आप कभी भी सफल नहीं हो सकते। माइक्रोसॉफ्ट का स्वप्न है—प्रत्येक मेज पर एक कंप्यूटर और प्रत्येक कंप्यूटर में माइक्रोसॉफ्ट का सॉफ्टवेयर।''

यदि आप बुद्धिमान हैं और यह जानते हैं कि अपनी बुद्धि का इस्तेमाल किस प्रकार किया जाए, तो आप कुछ भी हासिल कर सकते हैं। यदि आप कठिन परिश्रम नहीं करते तो आप कभी भी सफल नहीं हो सकते।

बिल गेट्स के मूल मंत्रों का सारांश है—

(1) अपने प्रयासों को उस बाजार पर केंद्रित करें जिसमें बड़ी संभावनाएँ हों; किंतु अपेक्षाकृत कम प्रतिस्पर्धी हों।

(2) व्यवसाय में जल्दी और बड़े आकार में प्रवेश करें।

(3) प्रभुत्व स्थापित करें।

(4) इस स्थिति को हर संभव तरीके से बचाएँ।

(5) अधिक सकल लाभ का लक्ष्य रखें।

(6) ग्राहकों को ऐसा प्रस्ताव दें, जिसे वे इनकार न कर सकें।

बिल गेट्स यह विश्वास करते हैं कि वे एक नई तरह की संस्था का निर्माण करने में सफल हुए हैं और वह है—एक ज्ञान संबंधी कंपनी, जिसका उन्हें कोई पिछला अनुभव नहीं था और न ही उनके पास एम.बी.ए. की डिग्री है और न कोई अनुभवी परामर्शदाता, क्योंकि इस ज्ञान संबंधी कंपनी का मौलिक द्रव्य है—बौद्धिक शक्ति।

ज्ञान संबंधी कंपनी की अवधारणा

बिल गेट्स के अनुसार, ज्ञान संबंधी एक कंपनी का विकास 'डिजिटल नाड़ी तंत्र' (Digital Nervons System या DNS), इ-मेल्स और कंप्यूटर सिस्टम के माध्यम से होता है, जो आपको वह सबकुछ सीखने में मदद करती है जिसे आपको जानने की आवश्यकता है। माइक्रोसॉफ्ट की सफलता का एक प्रमुख तत्त्व उसकी वह क्षमता है जिससे एक ही समय में वह कई परियोजनाओं पर कार्य कर सकती है। बिल गेट्स स्वयं बहुआयामी व्यक्तित्व के धनी हैं। ऐसा कहा जाता है कि वे एक ही समय में विभिन्न प्रकार के तकनीकी वार्त्तालाप कर सकते हैं। इसके अलावा कार्यकर्ताओं के लिए माइक्रोसॉफ्ट की कुछ बहुत स्पष्ट कार्यनीतियाँ हैं, जो कंपनी को असाधारण कार्य-शक्ति प्रदान करती हैं। बिल गेट्स उन्हें पाँच-ई Five-E) में इस प्रकार संक्षिप्त करते हैं—

बिल गेट्स के अनुसार, ज्ञान संबंधी एक कंपनी का विकास 'डिजिटल नाड़ी तंत्र' (Digital Nervons System या DNS), इ-मेल्स और कंप्यूटर सिस्टम के माध्यम से होता है, जो आपको वह सबकुछ सीखने में मदद करती है जिसे आपको जानने की आवश्यकता है।

(1) संवर्धन (Enrichment)

(2) सामर्थ्य देना (Empowerment)

(3) निष्पादन पर जोर देना (Emphasis on Performance)

(4) समानता (Egalitarianism)

(5) इ-मेल (E-mail)

बिल गेट्स के कार्य-निष्पादन सिद्धांत

1. कई मामलों में हाथ डालिए : माइक्रोसॉफ्ट की नीति बहुउत्पादों

की रही है। एक ओर हम लोगों के पास अनेक एकल उत्पाद हो सकते हैं, जिनकी बिक्री अच्छी नहीं रही है, जबकि दूसरी ओर जब आप मिश्रित उत्पादों को देखते हैं तो हम लोगों का विक्रय बहुत अच्छा रहा है। इसके अलावा एक समय विशेष पर हमारे अनेक व्यक्ति एक साथ, एक ही प्रश्न पर कार्य कर रहे होते हैं। यह हमारी बिक्री में वृद्धि से स्पष्ट हो जाता है, यह लगभग एक सीधी लाइन में ऊपर की ओर बढ़ रही है।

2. सीखना कभी भी बंद मत कीजिए : नई प्रौद्योगिकियों की विकास गति के साथ चलने के लिए मैं किसी विशिष्ट तकनीकी क्षेत्र के प्रमुख विशेषज्ञों को एकत्रित करता हूँ और गहन विवरणों को प्रस्तुत करने के लिए उन्हें पर्याप्त समय देता हूँ। मैं उन्हें चिंतन कुंड (think tanks) कहता हूँ और मेरे कार्यकर्ता उनसे विषय का गहन एवं सूक्ष्म ज्ञान अर्जित करने में जुटे रहते हैं। इस अवधि में मैं सूचनाओं को स्पंज की भाँति सोख लेता हूँ।

एक-दो अपवादों को छोड़कर जिस गति से माइक्रोसॉफ्ट ने नए उत्पादों को बाजार में उतारा है वह इसकी ऐसी विशिष्टता है, जो पारंपरिक कार्य-शैली से हटकर है। इसने मुझे प्रतिस्पर्धा के दौरान महत्त्वपूर्ण लाभ दिया है।

3. उतावले मत बनिए, गति तीव्र रखिए : एक-दो अपवादों को छोड़कर जिस गति से माइक्रोसॉफ्ट ने नए उत्पादों को बाजार में उतारा है वह इसकी ऐसी विशिष्टता है, जो पारंपरिक कार्य-शैली से हटकर है। इसने मुझे प्रतिस्पर्धा के दौरान महत्त्वपूर्ण लाभ दिया है।

4. व्यग्र रहिए : मैं अति सक्रिय हूँ। यह विशिष्टता मेरे कंप्यूटर व्यापार में बहुमूल्य सिद्ध हुई है। मेरे लिए खाली बैठना लगभग असंभव है। बात करते अथवा चिंतन करते हुए आगे-पीछे झूलते रहने की मेरी आदत से उद्योग के लोग सुपरिचित हैं। एक व्यवसायी के रूप में भी मैं

व्यग्र रहता हूँ। यह एक ऐसा गुण है जिसने माइक्रोसॉफ्ट को आत्मतृप्ति से बचाया है और आई.बी.एम. जैसे प्रतिद्वंद्वियों को आक्रांत किया है।

5. हानि के संकट को कम करें : यह स्पष्ट है कि भविष्य में अवसरों के लिए मैं संयुक्त राज्य अमेरिका से बाहर देख रहा हूँ। मैं विभिन्न देशों में मूलभूत ढाँचा विकसित करने के लिए निवेश कर रहा हूँ, ताकि जोखिम को वैश्विक रूप से बाँटा जा सके और शिक्षा में भी मैं पैसा लगा रहा हूँ—जो कि विकास का अगला बड़ा क्षेत्र हो सकता है। एक बार फिर ऐसा प्रतीत हो सकता है कि मैं खेल में आगे हूँ। मैं अपने प्रतिद्वंद्वियों को आगे न निकलने देने के लिए कृतसंकल्प हूँ। यही कारण है कि विश्वव्यापी स्तर पर मैं अपने व्यवसाय को हानि से बचाने का प्रबंध कर रहा हूँ। यह एक ऐसी नीति है, जो मेरे विशिष्ट विचारों और सूचनाओं के संयोजन से उपजती है।

□

6
दूरदृष्टि-संपन्न व्यक्ति

सॉफ्टवेयर के जनक कहे जानेवाले बिल गेट्स ऐसे व्यक्ति हैं, जो अपने सपनों को साकार करने के लिए पूर्णत: समर्पित हैं। संभावनाओं की सीमा को भी पार करते हुए अपने सपनों एवं प्रबुद्ध दूरदर्शिता के साथ वे एक ऐसे इनसान हैं, जो न सिर्फ बड़े सपने देखने में विश्वास करते हैं बल्कि उन्हें साकार करके भी दिखाते हैं। लीक से हटकर उनके सपनों में से एक है—

प्रत्येक घर में और प्रत्येक मेज पर एक कंप्यूटर

बिल गेट्स का यह स्वप्न है कि माइक्रोसॉफ्ट सॉफ्टवेयरयुक्त एक कंप्यूटर प्रत्येक घर में और प्रत्येक मेज पर हो। माइक्रोसॉफ्ट के प्रारंभ से ही वे इस स्वप्न को मूर्त रूप देने में लगे हुए हैं और अकसर कहते हैं कि ''अतीत में झाँकना बहुत अच्छी बात है, किंतु दूरदर्शिता अत्यंत लाभकारी है।''

आज हर कार्यालय की प्रत्येक मेज पर और हर घर में कंप्यूटर का प्रमुख स्थान है। कंप्यूटर की स्क्रीन और की-बोर्ड का प्रसार, जिसे आज हम सुनिश्चित रूप से अपने चारों ओर देख रहे हैं, वह अभी कुछ ही दशक पहले विज्ञानमूलक कथाओं का एक भाग था। सन् 1960 के दशक में विकसित हो रहे पर्सनल कंप्यूटरों को जब अमेरिकी भविष्यवक्ताओं

ने समाज के निर्माण में एक प्रधान तत्त्व के रूप में चित्रित करने में चूक की, तब बिल गेट्स ने विज्ञान-आधारित कथा साहित्य का गहन अध्ययन किया और इन काल्पनिक कथाओं को वास्तविकता में परिणत करने की प्रगाढ़ चिंता की।

इसमें कोई संदेह नहीं है कि संसार भर में हर कार्यालय की प्रत्येक मेज पर और हर घर में कंप्यूटर पहुँचाने का श्रेय अकेले बिल गेट्स को नहीं है, ठीक उसी प्रकार जैसे मोटरगाड़ी विकसित करने का श्रेय अकेले हेनरी फोर्ड को नहीं जाता; किंतु इन दोनों के बीच समानता यह है कि उन्होंने उस तथ्य की कल्पना की, जो संभव था। उन्होंने अपने सपनों को वास्तविकता में बदलने और उसे व्यावहारिक स्वरूप देने के लिए अपने क्षेत्र विशेष में महत्त्वपूर्ण भूमिका निभाई।

बिल गेट्स ने अपने सपनों को पूरा करने के लिए कंप्यूटर उद्योग में माइक्रोसॉफ्ट को एक प्रमुख संस्थान में परिणत करने का लक्ष्य निर्धारित किया। उन्होंने अपनी प्रभुतापूर्ण स्थिति का उपयोग विभिन्न प्रकार के सॉफ्टवेयर के विकास के लिए एक बड़े प्लेटफॉर्म की रचना करने में किया और उन्हें अभूतपूर्व सफलता मिली।

बिल गेट्स ने अपने सपनों को पूरा करने के लिए कंप्यूटर उद्योग में माइक्रोसॉफ्ट को एक प्रमुख संस्थान में परिणत करने का लक्ष्य निर्धारित किया। उन्होंने अपनी प्रभुतापूर्ण स्थिति का उपयोग विभिन्न प्रकार के सॉफ्टवेयर के विकास के लिए एक बड़े प्लेटफॉर्म की रचना करने में किया और उन्हें अभूतपूर्व सफलता मिली। वे जानते थे कि जो पहल करेगा उसे कंप्यूटिंग उद्योग में अपना आधिपत्य जमाने का प्रमुख अवसर प्राप्त होगा। इसलिए उन्होंने अपने विचारों को व्यवहार में बदलने के किसी भी अवसर को कभी भी बरबाद नहीं किया।

वे जानते थे कि उपयुक्त ऑपरेटिंग सिस्टम के बिना पर्सनल कंप्यूटरों की क्षमता का पूर्ण दोहन नहीं किया जा सकता है। इसलिए जब उन्हें आई.बी.एम. से अवसर मिला तो उन्होंने ईश्वर के प्रति कृतज्ञता प्रकट की और उस अवसर को दोनों हाथों से पकड़ लिया। तब से उन्होंने पीछे मुड़कर नहीं देखा। समुचित मंच के साथ बिल गेट्स ने माइक्रोसॉफ्ट का नेतृत्व किया और उसे मात्र प्रोग्रामिंग की भाषा को विकसित करनेवाली कंपनी न बनाए रखकर विंडोज जैसे ऑपरेटिंग सिस्टम से लेकर वर्ड और एक्सेल जैसे एप्लिकेशंस (कंप्यूटर के किसी प्रोग्राम द्वारा किए गए कार्य को एप्लीकेशन कहते हैं) एवं अन्य प्रोग्रामिंग टूल्स (एप्लिकेशन सॉफ्टवेयर को सरलता से प्रयोग करने के लिए बने कमांड को टूल कहते हैं) सफलतापूर्वक विकसित करनेवाली कंपनी के रूप में विकसित किया। इस प्रक्रिया में उन्होंने कंप्यूटर उद्योग को पूरी तरह बदल दिया। उनके ही शब्दों में, ''बिल गेट्स और माइक्रोसॉफ्ट को व्यापक रूप से विभाजित नहीं किया जा सकता।''

आज माइक्रोसॉफ्ट दो व्यक्तियों द्वारा चलाई गई व्यवस्था से बढ़कर एक ऐसी कंपनी बन चुकी है, जिसमें 60,000 लोग काम करते हैं। यह प्रतिवर्ष 25 अरब डॉलर से अधिक की विक्रय राशि प्राप्त करती है। अपनी अबाधित एवं तेज गति से वृद्धि के कारण यह संसार में सबसे प्रतिस्पर्धी कंपनियों में से एक बन चुकी है।

आज माइक्रोसॉफ्ट दो व्यक्तियों द्वारा चलाई गई व्यवस्था से बढ़कर एक ऐसी कंपनी बन चुकी है, जिसमें 60,000 लोग काम करते हैं। यह प्रतिवर्ष 25 अरब डॉलर से अधिक की विक्रय राशि प्राप्त करती है। अपनी अबाधित एवं तेज गति से वृद्धि के कारण यह संसार में सबसे प्रतिस्पर्धी कंपनियों में से एक बन चुकी है।

डिजिटल युग के शिल्पकार

बिल गेट्स को डिजिटल युग का जनक और शिल्पकार समझा जाता है। यद्यपि उनके प्रतिद्वंद्वी समझते हैं कि "वे केवल अपनी एकाधिकारिक स्थिति का विदोहन कर रहे हैं।" फिर भी, यह जयप्रतीक पूर्णत: उपार्जित और प्रशंसनीय है। बिल गेट्स और माइक्रोसॉफ्ट के बिना पर्सनल कंप्यूटरों की यह क्रांति उतनी विकसित नहीं होती जितनी कि आज है।

> *प्रौद्योगिकी के व्यापार में अनेक पेंच हैं। शायद यही कारण है कि यह एक ऐसा अद्‌भुत व्यापार है जिसमें अपनी सफलताओं के बावजूद कोई भी कंपनी आराम नहीं कर सकती। यद्यपि प्रौद्योगिकी के क्षेत्र में आई.बी.एम. का प्रभुत्व उस ऊँचाई पर पहुँच गया था, जहाँ कभी शायद ही कोई कंपनी पहुँचे, फिर भी वह रास्ते के कुछ मोड़ों पर चूक गया।*

किंतु बिल गेट्स अपनी सफलताओं पर बहुत प्रसन्न होने वाले नहीं हैं। वे सॉफ्टवेयर के उस अविश्वसनीय मार्ग को अच्छी तरह समझते हैं जिस पर अपनी गाड़ी चला रहे हैं। क्यों न हो, कारें चलाते समय उन्होंने एक से अधिक बार अपने सम्मुख चट्टान का सामना किया है।

उनके ही शब्दों में, "प्रौद्योगिकी के व्यापार में अनेक पेंच हैं। शायद यही कारण है कि यह एक ऐसा अद्‌भुत व्यापार है जिसमें अपनी सफलताओं के बावजूद कोई भी कंपनी आराम नहीं कर सकती। यद्यपि प्रौद्योगिकी के क्षेत्र में आई.बी.एम. का प्रभुत्व उस ऊँचाई पर पहुँच गया था, जहाँ कभी शायद ही कोई कंपनी पहुँचे, फिर भी वह रास्ते के कुछ मोड़ों पर चूक गया। प्रतिदिन प्रात:काल मैं यह सोचते हुए उठता हूँ कि आज हमें यह सुनिश्चित कर लेना चाहिए कि आज का दिन वह दिन नहीं होगा जब हम रास्ते के किसी मोड़ पर चूक जाएँगे। आइए, यह पता करें कि वाणी

की पहचान के क्षेत्र में अथवा कृत्रिम बुद्धि के क्षेत्र में क्या कुछ किया जा रहा है। हम लोगों को यह सुनिश्चित कर लेना चाहिए कि हम ऐसे ही लोगों को नियुक्त करें जो इन विषयों को साथ लेकर चल सकें। हम लोगों को यह भी सुनिश्चित कर लेना चाहिए कि हमें आश्चर्यचकित न होना पड़े। उदाहरण के लिए, जब इंटरनेट का प्रादुर्भाव हुआ तब हम लोगों ने इसे अपनी वरीयता सूची में पाँचवें और छठे स्थान पर रखा था। ऐसा नहीं था कि किसी ने मुझे इसके बारे में बताया हो और मैंने उत्तर दिया हो कि 'मैं इसके हिज्जे करना नहीं जानता'। मैं उसे अपनी सूची में पहले ही रख चुका था। इसलिए मैं आश्वस्त था। किंतु एक समय ऐसा आया जब हमने महसूस किया कि यह बड़ी तेजी से बढ़ रहा है और हमारी नीति में जो स्थान इसे दिया गया है उससे कहीं अधिक गंभीर विषय है। इसलिए नेतृत्व की काररवाई के रूप में मुझे एक संकटमय स्थिति की भावना का निर्माण करना पड़ा। हम लोगों ने कुछ महीनों तक अपने विचारों और इ-मेल्स को प्रसारित किया और यहाँ तक कि कुछ स्थितियों में पीछे भी हटे। अंततः अपनी आंतरिक स्थिति का आकलन करने और दुनिया को हमारी योजनाओं के बारे में क्या सोचना चाहिए, इस संदर्भ में एक विचार प्रस्तुत करने के लिए एक नई नीति बनाई गई।"

जब इंटरनेट का प्रादुर्भाव हुआ तब हम लोगों ने इसे अपनी वरीयता सूची में पाँचवें और छठे स्थान पर रखा था। ऐसा नहीं था कि किसी ने मुझे इसके बारे में बताया हो और मैंने उत्तर दिया हो कि 'मैं इसके हिज्जे करना नहीं जानता'। मैं उसे अपनी सूची में पहले ही रख चुका था

उद्योग के रुझान को प्रारंभ में ही प्रभावशाली तरीके से पूँजीकृत करने एवं बाद में उद्योग की मानक बनी उन प्रौद्योगिकियों में जिनका

कोई पूर्व अनुभव नहीं है, जैसे माइक्रोसॉफ्ट सी.डी. रोम आधारित सॉफ्टवेयर पैकेज में जोखिम लेने की बिल गेट्स की तत्परता ही वे गुण हैं, जिनको माइक्रोसॉफ्ट की सफलता का श्रेय दिया जा सकता है। इसके अलावा, बिल गेट्स ने कंपनी को इस प्रकार गठित कर रखा था कि वह सॉफ्टवेयर उत्पाद के विकास से लेकर वितरण तक के सभी व्यापारिक क्षेत्रों में साथ-साथ कार्य कर सके। आरंभिक दिनों में सॉफ्टवेयर के एक विकासकर्ता लारी मिशेल ने इलेक्ट्रॉनिक व्यापार के बारे में मेरी जोफोले से ठीक ही कहा था कि "अन्य सॉफ्टवेयर विक्रेताओं ने अपने व्यापार को हार्डवेयर व्यापार की तर्ज पर निर्मित किया है, किंतु माइक्रोसॉफ्ट ने अपने व्यापारिक कार्यकलापों के लिए स्वयं अपना मॉडल तैयार किया है।"

किंतु अपने आपको एक दूरद्रष्टा के रूप में स्थापित करने के बावजूद बिल गेट्स ने लक्ष्य की प्राप्ति हर बार नहीं की है। उदाहरण के लिए, प्रारंभ में उन्होंने इंटरनेट की व्यापारिक क्षमता को नजरअंदाज किया और बाद में इस बात के लिए पश्चात्ताप करते रहे कि उन्होंने माइक्रोसॉफ्ट की इ-मेल और नेटवर्किंग की क्षमताओं पर पर्याप्त ध्यान नहीं दिया।

किंतु अपने आपको एक दूरद्रष्टा के रूप में स्थापित करने के बावजूद बिल गेट्स ने लक्ष्य की प्राप्ति हर बार नहीं की है। उदाहरण के लिए, प्रारंभ में उन्होंने इंटरनेट की व्यापारिक क्षमता को नजरअंदाज किया और बाद में इस बात के लिए पश्चात्ताप करते रहे कि उन्होंने माइक्रोसॉफ्ट की इ-मेल और नेटवर्किंग की क्षमताओं पर पर्याप्त ध्यान नहीं दिया। परंतु एक बार इस कमी को महसूस करने के बाद उन्होंने कंपनी के प्रयासों को इस क्षेत्र में तेज कर दिया और मात्र पाँच वर्षों की अवधि में माइक्रोसॉफ्ट का इंटरनेट एक्सप्लोरर वेब ब्राउजर उद्योग

में अग्रणी बना। एक प्रतिस्पर्धात्मक इंटरनेट ब्राउजर विकसित करने में सफलता प्राप्त करके और डेस्कटॉप डाटाबेस एवं सन् 1990 के दशक के ऑफिस कार्यों संबंधी सॉफ्टवेयर विकसित करने में अग्रणी स्थान प्राप्त करने से यह पूर्णत: सिद्ध हो चुका है कि उन्होंने एक ऐसी प्रवीण कंपनी का निर्माण किया है, जो उस बाजार में पूरी दक्षता के साथ कूद पड़ती है जिसके लिए अन्य लोग अभी तैयारी ही कर रहे होते हैं।

सन् 1998 में बिल गेट्स ने माइक्रोसॉफ्ट के विकास की एक नई व्यवस्था की घोषणा की। उन्होंने अपनी ऊर्जा को नीतियों और उत्पादों के विकास पर लगाने का मन बनाया। इसके साथ ही कंपनी ने ग्राहक सेवा एवं प्रतिपुष्टि में सुधार के लिए एक बड़ी राशि लगाई। बिल गेट्स ने कंपनी के कार्यों का रुख ऐसे क्षेत्रों में मोड़ने की योजना बनाई जैसे 'इंटेलिजेंट टेलिफोंस और टेलीविजन एवं नई कंप्यूटर इनपुट तकनीक का एकीकरण' जैसे दृष्टि, वाणी और हस्त-लेखन आदि। इसके अलावा, यद्यपि विंडोज के कई उन्नत संस्करण निकाले जा चुके थे, फिर भी वे चाहते थे कि इसका इस्तेमाल और आसान बनाने के लिए एवं इसकी विश्वसनीयता बढ़ाने के लिए सुधार जारी रहे। अंतत: इस क्षेत्र में अपना सर्वोत्तम योगदान देने के लिए उन्होंने कंपनी के अध्यक्ष का वह पद छोड़ दिया जिस पर वे सन् 1992 से आसीन थे; किंतु वे माइक्रोसॉफ्ट के संचालक और मुख्य कार्यकारी अधिकारी के पद पर बने रहे। परिणाम यह हुआ कि आर्थिक वर्ष 1999 में माइक्रोसॉफ्ट ने 19.75 अरब डॉलर

सन् 1998 में बिल गेट्स ने माइक्रोसॉफ्ट के विकास की एक नई व्यवस्था की घोषणा की। उन्होंने अपनी ऊर्जा को नीतियों और उत्पादों के विकास पर लगाने का मन बनाया। इसके साथ ही कंपनी ने ग्राहक सेवा एवं प्रतिपुष्टि में सुधार के लिए एक बड़ी राशि लगाई।

की आमदनी की और बिल गेट्स कंप्यूटर एवं व्यापार-संसार में ही नहीं बल्कि सामान्य जन की दृष्टि में भी एक 'आईकॉन' (वह ग्राफिक इमेज, जो किसी भी प्रोग्राम के कार्यान्वयन का प्रतिनिधित्व करती है) बन गए।

बिल गेट्स की सफलता के दस रहस्य

1. सही समय पर सही जगह पहुँचिए : ज्ञान-आधारित कर्मियों के युग में प्रौद्योगिकी का ज्ञान और सृजनशीलता कारपोरेट जगत् की नई परिसंपत्तियाँ हैं। जब इन्हें व्यापारिक कुशाग्रता और अत्यंत प्रतिस्पर्धी प्रकृति से जोड़ा जाता है तो बिल गेट्स पैदा होते हैं। वे अपनी नीतियों को प्रौद्योगिकी द्वारा आकार दिए जाने में विश्वास करते हैं। इस प्रकार अपनी प्रौद्योगिक दूरदृष्टि के आधार पर वे व्यापारिक नीतियों का निर्णय करते हैं, जो उन्हें दूसरों से बहुत आगे ले जाता है। "जो मानक निर्धारित करते हैं वे विजयी होते हैं"—इस कथन में विश्वास करते हुए उन्होंने माइक्रोसॉफ्ट के आदर्श वाक्य की रचना की—"हम मानक निर्धारित करते हैं।" यह उनकी व्यापारिक नीतियों के केंद्र में भी है। इसीलिए वह बाजार में माइक्रोसॉफ्ट के नए सॉफ्टवेयरों के संस्करणों की दुनिया में प्रभुता स्थापित करने में सफल हुए हैं।

> *ज्ञान-आधारित कर्मियों के युग में प्रौद्योगिकी का ज्ञान और सृजनशीलता कारपोरेट जगत् की नई परिसंपत्तियाँ हैं। जब इन्हें व्यापारिक कुशाग्रता और अत्यंत प्रतिस्पर्धी प्रकृति से जोड़ा जाता है तो बिल गेट्स पैदा होते हैं। वे अपनी नीतियों को प्रौद्योगिकी द्वारा आकार दिए जाने में विश्वास करते हैं।*

2. प्रौद्योगिकी से प्यार करें : ज्ञान-आधारित कर्मियों के युग में माइक्रोसॉफ्ट जैसी कंपनी को चलाने के लिए एक प्रौद्योगिकी विशेषज्ञ

की आवश्यकता पड़ती है। प्रौद्योगिकी के गहन ज्ञान से संपन्न व्यक्ति ही वास्तव में यह समझ सकता है कि उद्योग के भीतर क्या चल रहा है। ऐसा व्यक्ति ही प्रवृत्तियों को पहचानकर नीतियाँ निर्धारित कर सकता है। बिल गेट्स प्रौद्योगिकी विशेषज्ञों के महत्त्व को पहचानने में विश्वास करते हैं। इसीलिए माइक्रोसॉफ्ट में सॉफ्टवेयर विकसित करनेवालों को प्रबंधकों की अपेक्षा अधिक महत्त्व दिया जाता है। इसके अलावा कंपनी की आमदनी का एक बड़ा भाग रिसर्च और डिजाइन के काम में लगाकर बिल यह सुनिश्चित कर लेते हैं कि माइक्रोसॉफ्ट सदैव ही किसी अगली बड़ी चीज के लिए अनुसंधान में लगा रहता है। इस प्रकार यद्यपि माइक्रोसॉफ्ट कोई असाधारण अन्वेषक नहीं है, किंतु वह अच्छे विचारों को ग्रहण करने, उन्हें विकसित करने और व्यापारिक दृष्टि से एक सफल उत्पाद बनाने में अत्यंत प्रवीण है।

बिल गेट्स एक बड़े ही तीव्र प्रतिस्पर्धी हैं। वे सदैव ही विजय प्राप्त करने के लिए एक विशेष लगन से प्रेरित रहते हैं। यह उन्हें एक अत्यंत कठोर प्रतिद्वंद्वी बनाता है। किंतु वे इससे विचलित नहीं होते हैं। बाजार में माइक्रोसॉफ्ट की स्थिति को असंदिग्ध रूप से ऊँचाइयों पर ले जाने के अतिरिक्त बिल गेट्स उस व्यावहारिक ज्ञान से भी संपन्न हैं।

3. परिसीमित मत रहिए : बिल गेट्स एक बड़े ही तीव्र प्रतिस्पर्धी हैं। वे सदैव ही विजय प्राप्त करने के लिए एक विशेष लगन से प्रेरित रहते हैं। यह उन्हें एक अत्यंत कठोर प्रतिद्वंद्वी बनाता है। किंतु वे इससे विचलित नहीं होते हैं। बाजार में माइक्रोसॉफ्ट की स्थिति को असंदिग्ध रूप से ऊँचाइयों पर ले जाने के अतिरिक्त बिल गेट्स उस व्यावहारिक ज्ञान से भी संपन्न हैं। जो उन्हें मुख्य बाजारों में अपना रास्ता बनाने के लिए प्रेरित करता है। वे लीक

से हटकर दूसरी कंपनियों की संवर्धित विशेषज्ञता को खरीद लेते हैं और माइक्रोसॉफ्ट की मशीन से जोड़ देते हैं। जोखिमों का आकलन करनेवाले एक निपुण निर्णायक होने के कारण वे कंप्यूटर उद्योग में तेजी से आ रहे उस बदलाव से पूर्णत: परिचित हैं, जहाँ अग्रिम तैयारी न करना ही एक बड़ा जोखिम है।

4. कुशल लोगों को ही नियुक्त करें : बिल गेट्स ने कंप्यूटर उद्योग के अति कुशल लोगों को निरंतर ढूँढ़-ढूँढ़कर अपनी कंपनी में नियुक्त किया है। यह उनकी एक ऐसी सोची-समझी नीति है, जो कंपनी में उच्चतम योग्यतावाले लोगों को आकर्षित करती है। कंपनी के असाधारण विस्तार के बावजूद माइक्रोसॉफ्ट के कर्मचारियों की प्रवीणता के स्तर में, खासतौर से उत्पादों को विकसित करनेवाली टीम के कर्मचारियों की प्रवीणता में, किसी भी प्रकार की कमी को सहन करने के प्रलोभन से बिल गेट्स सदैव ही दृढ़तापूर्वक बचते रहे हैं। कार्य के प्रति उनकी सुप्रसिद्ध क्षमता माइक्रोसॉफ्ट की संस्कृति बन चुकी है, जिसे कुछ इस प्रकार अभिव्यक्त किया जा सकता है—''कठिन परिश्रम कीजिए और उसके बाद और कठिन परिश्रम।''

बिल गेट्स ने कंप्यूटर उद्योग के अति कुशल लोगों को निरंतर ढूँढ़-ढूँढ़कर अपनी कंपनी में नियुक्त किया है। यह उनकी एक ऐसी सोची-समझी नीति है, जो कंपनी में उच्चतम योग्यतावाले लोगों को आकर्षित करती है।

5. अस्तित्व बनाए रखना सीखिए : माइक्रोसॉफ्ट में बिल गेट्स ने एक ऐसी मशीन का निर्माण कर दिया है जिससे संबंधित ज्ञान से व्यक्ति कभी तृप्त नहीं होता। उनके अनुसार यह एक उत्कृष्ट संस्थान का चिह्न है और यह एकमात्र तरीका है, जिससे किसी गलती को दुबारा करने से

बचा जा सकता है। बिल एक अत्यंत प्रतिस्पर्धात्मक व्यापार में असाधारण रूप से लचीले हैं; क्योंकि वे विश्वास करते हैं कि जिस विषय में वे श्रेष्ठ हैं उसमें उन्हें टिके रहना चाहिए और वह विषय है—सॉफ्टवेयर। निरंतर प्रतिपुष्टि प्राप्त करने के लिए उपयुक्त संसाधनों के साथ उन्होंने एक ऐसी व्यवस्था बना रखी है जिससे उनके संगठन में दूसरी जगहों पर काम करनेवाले लोग भी निरंतर प्रतिपुष्टि प्राप्त करते रहते हैं। माइक्रोसॉफ्ट का दूसरा पहलू यह है कि वह अपने सॉफ्टवेयर का परीक्षण उन ग्राहकों द्वारा कराते हैं, जो उन्हें नए सॉफ्टवेयर के बारे में पहले ही अपनी प्रतिक्रिया से अवगत कराने को तैयार हों। इस प्रकार कंपनी उन लोगों की प्रतिक्रिया से अवगत हो जाती है, जो उस सॉफ्टवेयर के अंतिम संस्करण को इस्तेमाल करनेवाले होते हैं। अंत में, यह स्वीकार करते हुए कि ज्ञान-प्रबंधन बिजनेस स्कूलों और मैनेजमेंट गुरुओं के लिए एक उन्माद है, माइक्रोसॉफ्ट ने इसे अपने कार्यक्षेत्र का अंग बना लिया है।

यश और अपयश एक ही सिक्के के दो पहलू हैं और बिल गेट्स ने इस तथ्य को बड़े कठिन अनुभवों के बाद पहचाना है। उनका विश्वास है कि संसार में सबसे धनी व्यक्ति बनने के लिए उन्हें उसकी कीमत चुकानी पड़ी है। वे ईर्ष्या के कारण विचलित नहीं होते बल्कि उपयुक्त तर्क के साथ अपना बचाव करते हैं।

6. धन्यवाद की अपेक्षा मत रखिए : यश और अपयश एक ही सिक्के के दो पहलू हैं और बिल गेट्स ने इस तथ्य को बड़े कठिन अनुभवों के बाद पहचाना है। उनका विश्वास है कि संसार में सबसे धनी व्यक्ति बनने के लिए उन्हें उसकी कीमत चुकानी पड़ी है। वे ईर्ष्या के कारण विचलित नहीं होते बल्कि उपयुक्त तर्क के साथ अपना बचाव करते हैं। समुचित प्रचार से उन्हें शक्ति के गलियारों में अप्रतिद्वंद्वित पहुँच

मिलती है। माइक्रोसॉफ्ट ने अपने चारों ओर चल रहे प्रचार से काफी लाभ उठाया है और बिल गेट्स अपने अनेक उत्पादों को बाजार में उतारने के पूर्व अकसर मीडिया का ध्यान आकर्षित करते हैं।

7. स्वप्नद्रष्टा बनिए : बिल गेट्स एक नए प्रकार के व्यावसायिक नायक हैं। पिछले वर्षों के दौरान कंप्यूटर उद्योग में उन्होंने अपना वर्चस्व सिद्ध कर दिया है। वे अपने कर्मचारियों को बैठकर चिंतन करने के लिए प्रोत्साहित करते हैं। उनका विश्वास है कि यद्यपि माइक्रोसॉफ्ट एक अच्छा अन्वेषक नहीं है, किंतु यह विचारों की व्यापारिक क्षमता को पहचानने और उन्हें बाजार में उतारने में अग्रणी है। प्रौद्योगिकी का उनका गहन ज्ञान और आँकड़ों का संश्लेषण करने की उनकी विशिष्ट क्षमता उन्हें भविष्य में उत्पन्न होनेवाली प्रवृत्ति को पहचानने और तदनुसार माइक्रोसॉफ्ट की नीतियों का संचालन करने की विशिष्ट योग्यता प्रदान करती है।

बिल गेट्स एक नए प्रकार के व्यावसायिक नायक हैं। पिछले वर्षों के दौरान कंप्यूटर उद्योग में उन्होंने अपना वर्चस्व सिद्ध कर दिया है। वे अपने कर्मचारियों को बैठकर चिंतन करने के लिए प्रोत्साहित करते हैं। उनका विश्वास है कि यद्यपि माइक्रोसॉफ्ट एक अच्छा अन्वेषक नहीं है, किंतु यह विचारों की व्यापारिक क्षमता को पहचानने और उन्हें बाजार में उतारने में अग्रणी है।

8. सभी आधारों को समाहित करें : अनेक निर्माण योजनाओं को एक साथ संचालित करने की क्षमता माइक्रोसॉफ्ट की सफलता का एक मूल तत्त्व है। गेट्स ऐसे व्यक्ति हैं, जो कई कार्यों को एक साथ कर सकते हैं। उनमें अनेक तकनीकी विषयों पर एक ही समय में वार्त्तालाप करने की क्षमता भी है। इसके अलावा वे अपने को हानि से

बचाने में भी समर्थ हैं। बिल अनेक परियोजनाओं में अपना हाथ जमाए रखने में विश्वास करते हैं और इससे माइक्रोसॉफ्ट के उत्पादों के विक्रय में बढ़ोतरी का राज स्पष्ट हो जाता है। नई प्रौद्योगिकियों की जानकारी हासिल करते रहने के लिए वे अकसर 'चिंतन सप्ताह' का आयोजन करते हैं, जिसमें वे विभिन्न क्षेत्रों के प्रमुख विशेषज्ञों से रचनात्मक विमर्श कर तकनीकी विवरण प्राप्त करते हैं। इस प्रकार जल्दबाजी किए बिना ही तीव्र गति से बिल गेट्स ने एक विशिष्ट प्रतिस्पर्धात्मक लाभ प्राप्त किया है।

9. छोटा व्यापार स्थापित कीजिए : शेयर बाजार में ऊँचे दाम लगने के बावजूद माइक्रोसॉफ्ट अपेक्षाकृत एक छोटी कंपनी है। आंतरिक रूप से भी बिल गेट्स कंपनी को छोटी इकाइयों में लगातार विभाजित करते रहते हैं, ताकि एक उपक्रमशील वातावरण बनाए रखा जा सके। बिल यह विश्वास करते हैं कि सर्वोत्तम सॉफ्टवेयर का निर्माण उन विकासकर्ताओं द्वारा संभव होता है जिनका समूह छोटा है। इसलिए वे यह प्रयास करते हैं कि माइक्रोसॉफ्ट के अंदर एक छोटी कंपनी का एहसास बना रहे। इस प्रकार बिल गेट्स ने माइक्रोसॉफ्ट में वस्तुतः किसी पद को महत्त्वपूर्ण न बनाकर एक ऐसी व्यवस्था का निर्माण कर दिया है जहाँ योग्यता ही सर्वोपरि है; क्योंकि वे विश्वास करते हैं कि सम्मान अपने कार्य-निष्पादन क्षमता के आधार पर ही अर्जित किया जाना चाहिए।

शेयर बाजार में ऊँचे दाम लगने के बावजूद माइक्रोसॉफ्ट अपेक्षाकृत एक छोटी कंपनी है। आंतरिक रूप से भी बिल गेट्स कंपनी को छोटी इकाइयों में लगातार विभाजित करते रहते हैं, ताकि एक उपक्रमशील वातावरण बनाए रखा जा सके।

10. गेंद पर से अपनी आँखें कभी मत हटाइए : बिल गेट्स

कई दशकों तक सर्वोच्च स्थान पर बने रहे। किंतु अपनी उपलब्धियों के बावजूद उन्होंने अपनी गति-मंथरण का कोई संकेत नहीं दिया है। अपने रास्ते पर आगे देखते रहने में उनका दृढ़ विश्वास है और उन्होंने पीछे मुड़कर देखने की चिंता कभी नहीं की। बिल गेट्स ने न सिर्फ अपनी उपलब्धियों से एक असाधारण इतिहास की रचना कर दी बल्कि उन्होंने सफल योजनाओं का निर्माण करने एवं उन्हें लगातार कार्यरूप देते रहने में अपनी विशेषज्ञता को भी सिद्ध कर दिया। माइक्रोसॉफ्ट के एक अनुभवी परामर्शदाता के रूप में बिल गेट्स 'प्रौद्योगिक क्रांति' का अर्थ भलीभाँति समझते हैं और वे मानते हैं कि केवल दो ही टीमें होती हैं—'शीघ्र कार्य करनेवाली या मृत'। यही उन्हें डूबने से बचाता है।

□

7

बिल गेट्स का मंत्र : योग्य ही टिकेगा

माइक्रोसॉफ्ट में बिल गेट्स ने ज्ञान अर्जित करने की एक मशीन का निर्माण कर दिया है, क्योंकि उनका विश्वास है कि यह एक उत्कृष्ट संस्थान का प्रतीक है और यह एकमात्र तरीका है, जिससे किसी गलती को दुबारा करने से बचा जा सकता है। इसके अलावा माइक्रोसॉफ्ट ने दूसरों की गलतियों से सीख लेकर अपनी प्रगति का रास्ता निर्मित किया है।

बिल गेट्स के अनुसार, व्यापार में टिके रहने के मूल मंत्र हैं—

1. जिस विषय में आपका ज्ञान सर्वोत्तम हो उसी में टिके रहिए : बिल गेट्स लचीली प्रकृति के हैं। एक ऐसे व्यापार में जहाँ सबसे आगे निकलने की होड़ लगी हुई हो, वे कठिन परिश्रम और चरित्र-बल अभिव्यक्त करते हैं। वे अपने विरोधियों को परास्त करने के प्रत्येक अवसर का लाभ उठाते हैं। वे सदैव ही उस विषय में टिके रहते हैं जिसमें उनका ज्ञान सर्वोत्तम है और वह विषय है—सॉफ्टवेयर।

2. निरंतर प्रतिपुष्टि की व्यवस्था करें : माइक्रोसॉफ्ट में बिल गेट्स ने एक ऐसी व्यवस्था की है जिसके माध्यम से संस्थान के अन्य लोग अपने सहकर्मियों को निरंतर प्रतिपुष्टि देते रहते हैं। वे इस व्यवस्था को 'फीड बैक लूप्स' कहते हैं। (लूप निर्देशों का ऐसा क्रम है, जो

अपना कार्य तब तक करता रहता है जब तक कि साथ दी हुई शर्त पूरी नहीं हो जाती।)

3. वास्तविक ग्राहकों द्वारा अपने उत्पादों का परीक्षण कराएँ : बिल गेट्स सदैव ही अपने सॉफ्टवेयर का परीक्षण ग्राहकों द्वारा किए जाने के इच्छुक रहे हैं। कंपनी के सॉफ्टवेयर का 'बेटा' (Beta) संस्करण उन ग्राहकों को दिया जाता है जो इस नए सॉफ्टवेयर के बारे में इसे बाजार में उतारे जाने के पूर्व अपने अनुभवों से कंपनी को अवगत कराने के इच्छुक होते हैं। इस प्रकार सॉफ्टवेयर विकसित करने वाले कंपनी के उन लोगों को ऐसे वास्तविक ग्राहकों से प्रतिपुष्टि मिल जाती है, जो इस सॉफ्टवेयर के अंतिम संस्करण का उपयोग करने वाले होते हैं।

बिल गेट्स सदैव ही अपने सॉफ्टवेयर का परीक्षण ग्राहकों द्वारा किए जाने के इच्छुक रहे हैं। कंपनी के सॉफ्टवेयर का 'बेटा' (Beta) संस्करण उन ग्राहकों को दिया जाता है जो इस नए सॉफ्टवेयर के बारे में इसे बाजार में उतारे जाने के पूर्व अपने अनुभवों से कंपनी को अवगत कराने के इच्छुक होते हैं।

4. अपने आपको जानिए : ज्ञान प्रबंधन संरचना या Knowledge Management Structure (K.M.S.) एक ऐसी संज्ञा है, जिसे प्रबंधन लेखक टॉम पीटर्स ने ज्ञान संगठनों के विकास की अभिव्यक्ति के रूप में उपयोग किया है। कंपनी में नौकरशाही को निश्चित रूप से समाप्त करके ज्ञान और प्रवीणता को पिकसित करना होगा। लेखक कहते हैं—"विशेषज्ञता को इस प्रकार विकसित कीजिए कि वह बाजार के मापदंड की इकाइयों की शक्ति में ही वृद्धि कर दे और फिर उन्हें इस बात के लिए प्रोत्साहित करे कि वे कंपनी के समग्र लाभ के लिए ज्ञान का योगदान करें।" आज ज्ञान प्रबंधन संरचना बिजनेस स्कूल के प्रोफेसरों और प्रबंधन गुरुओं का उन्माद बन

चुका है। माइक्रोसॉफ्ट इससे पिछले अनेक वर्षों से जुड़ा हुआ है। वस्तुतः माइक्रोसॉफ्ट ज्ञान प्रबंधन की ही एक संरचना है।

बिल गेट्स : नेतृत्व का एक अध्याय

बिल गेट्स नई पीढ़ी के प्रमुख व्यावसायिक नायक सिद्ध हो चुके हैं। बार-बार उन्होंने संसार में यह सिद्ध कर दिया है कि कंप्यूटर उद्योग में वह अब तक के एकमात्र भविष्यद्रष्टा हैं। प्रौद्योगिकी का उनका गहन ज्ञान और आँकड़ों का संश्लेषण करने की उनकी विशिष्ट क्षमता उन्हें भविष्य में उत्पन्न होनेवाली प्रवृत्ति को पहचानने और तदनुसार माइक्रोसॉफ्ट की नीतियों का संचालन करने की विशिष्ट योग्यता प्रदान करती है। परिणामतः वह माइक्रोसॉफ्ट के चाहनेवालों को आश्चर्यचकित कर देते हैं तथा अपने प्रतिस्पर्धियों को अभित्रस्त।

> ***प्रौद्योगिकी का उनका गहन ज्ञान और आँकड़ों का संश्लेषण करने की उनकी विशिष्ट क्षमता उन्हें भविष्य में उत्पन्न होनेवाली प्रवृत्ति को पहचानने और तदनुसार माइक्रोसॉफ्ट की नीतियों का संचालन करने की विशिष्ट योग्यता प्रदान करती है।***

बिल गेट्स अपनी स्वप्नद्रष्टा की स्थिति के पीछे निहित आधार तत्त्वों को निम्न सूत्रों में अभिव्यक्त करते हैं—

1. बैठकर चिंतन कीजिए : वे अपने कर्मचारियों को बैठकर चिंतन करने की स्वतंत्रता देते हैं। वास्तव में वे उन्हें ऐसा करने के लिए वेतन देते हैं। व्यापार को आमतौर से चलाने संबंधी पारंपरिक विषयों में रुचि न लेकर वे कंपनी के भविष्य की योजना तैयार करने में विश्वास करते हैं। उसके उपरांत वे अपने कर्मचारियों को अपना लक्ष्य प्राप्त करने

के लिए कठिन परिश्रम करने तथा उसके बाद और अधिक कठिन परिश्रम करने के लिए प्रोत्साहित करते हैं।

2. ग्रहण कीजिए और उसे अनुकूल बनाइए : वे अपने कर्मचारियों को यह निर्देश देते हैं कि वे नए विचारों को तुरंत ग्रहण करें और उन्हें बाह्य रूप देने की कोशिश करें। उनका विचार यह भी है कि किसी भी कंपनी की सफलता इस बात पर निर्भर करती है कि उसके कर्मचारी परिवर्तनशील परिस्थितियों में कितनी जल्दी अपने आपको स्थिति के अनुकूल बना लेते हैं।

बिल गेट्स अपने कंप्यूटर प्रोग्रामर्स की भाषा बोलते हैं। नायक के रूप में यह उनकी प्रमुख शक्ति है। अपने सहकर्मियों से वार्त्तालाप उन्हें विचारों के आदान-प्रदान का खुला अवसर देता है, जिससे उन्हें कर्मचारियों को असाधारण सफलता प्राप्त करने के लिए प्रोत्साहित करने का मौका मिलता है।

3. उत्पाद की भाषा बोलिए : बिल गेट्स अपने कंप्यूटर प्रोग्रामर्स की भाषा बोलते हैं। नायक के रूप में यह उनकी प्रमुख शक्ति है। अपने सहकर्मियों से वार्त्तालाप उन्हें विचारों के आदान-प्रदान का खुला अवसर देता है, जिससे उन्हें कर्मचारियों को असाधारण सफलता प्राप्त करने के लिए प्रोत्साहित करने का मौका मिलता है।

4. सदैव अपने पंजों पर खड़े रहें : वे इस गुप्त भय से संचालित होते प्रतीत होते हैं कि कंपनी शिथिल पड़ सकती है, जिसके कारण अधिक प्रवीण प्रतिद्वंद्वियों द्वारा हमें पछाड़ा जा सकता है। इसलिए वे अपने कर्मचारियों को सदैव सजग रहने का निर्देश देते हैं। वे कहते हैं, ''केवल वही बड़ी कंपनियाँ सफल हो सकती हैं, जो अपने ही उत्पादों को किसी अन्य द्वारा अव्यवहार्य घोषित किए जाने के पूर्व ही अप्रयुक्त कर देती हैं।''

5. कभी नहीं से देरी भली : वे इंटरनेट की गुणशीलता को महसूस करने वाले माइक्रोसॉफ्ट के अंतिम व्यक्ति थे। लेकिन वे अपने विचारों को परिवर्तित करने में कभी भी बहुत देर नहीं करते। इसलिए जब उन्होंने इंटरनेट की उपयोगिता को महसूस किया, तब स्पष्ट रूप से स्वीकार किया कि ''इंटरनेट किसी भी प्रकार से तुच्छ नहीं है। यह एक अद्‍भुत वस्तु है। यह सॉफ्टवेयर और कंप्यूटर दोनों ही को अधिक प्रासंगिक बनाता है।''

□

8
बिल गेट्स और माइक्रोसॉफ्ट की समस्वरता

1. एक शिक्षण संस्थान जैसा वातावरण

रेडमांड, वाशिंगटन में विशेष रूप से डिजाइन किए गए माइक्रोसॉफ्ट के प्रधान कार्यालय का वातावरण एक शिक्षण संस्थान जैसा है। बिल गेट्स ने जानबूझ कर एक ऐसे परिवेश का निर्माण किया है, जो बुद्धिमान युवकों के लिए उपयुक्त हो और उन्हें कंपनी की ओर आकर्षित कर सके।

अपने सामान्य सौंदर्य-बोध, खुले हुए सामुदायिक क्षेत्र और हरे-भरे स्थलों के साथ यह किसी कॉलेज जैसे वातावरण से मिलता-जुलता है, जो कि उन अनेक युवाओं के लिए सुपरिचित-सा लगता है, जो विश्वविद्यालय से सीधे आकर इस कंपनी से जुड़ जाते हैं। इसे 'माइक्रोसॉफ्ट कैंपस' का समुपयुक्त नाम दियागयाहै।

पूर्णरूप से सुरक्षित हरे मैदान के चारों ओर वन-बहुल क्षेत्र के बीचों बीच कम ऊँचाईवाले सफेद भवनों में हरे रंग की खिड़कियाँ सुसज्जित हैं। 'डिजिटल' भवनों को एक्स (X) आकार में डिजाइन किया गया है, ताकि भवन के अंदर अधिकतम प्राकृतिक प्रकाश मिल सके। व्यावसायिक संसार के अन्य भागों में प्रचलित 'ओपेन प्लान' भवनों के विपरीत माइक्रोसॉफ्ट मुख्यालय के कार्यालय में प्रत्येक कमरा एक दरवाजे एवं खिड़कियों के साथ चारों ओर से बंद है और केवल एक

व्यक्ति के इस्तेमाल के लिए ही तैयार किया गया है। बिल गेट्स के अनुसार, ''किसी विषय विशेष पर बैठकर गहन चिंतन के लिए आवश्यक एकांत और गोपनीयता प्रदान करने की दृष्टि से जानबूझकर ऐसा प्रयास किया गया है।'' सामाजिक मेल-मिलाप आदि को सुनिश्चित करने के लिए भवनों में अनेक अल्पाहार गृहों की व्यवस्था की गई है, जिनमें कंपनी के द्वारा अनुदान दिए जाने के कारण सस्ते दरों पर नाश्ता व भोजन उपलब्ध रहता है।

प्रारंभ से अब तक माइक्रोसॉफ्ट की संस्कृति आश्चर्यजनक रूप से अपरिवर्तित रही है। कर्मचारीगण सादे कपड़े पहनते हैं, सवारी गाड़ियों में यात्राएँ करते हैं और यात्रा के दौरान औसत दर्जे के होटलों का इस्तेमाल करते हैं। वहाँ कोई पद-सूचक प्रतीक नहीं है, जैसे प्रबंधकों या अधिकारियों का भोजन कक्ष अथवा कीमती फर्नीचर भी नहीं लगाए गए हैं। दूसरे शब्दों में, कंपनी को मितव्ययिता के सिद्धांतों पर चलाया जाता है। कुछ वर्षों पूर्व जब कुछ कर्मचारियों को इस सिद्धांत की अवहेलना करते पाया गया तो उन्हें कंपनी की उदारता का अनुचित लाभ लेने का दोषी समझा गया और उन्हें अनावश्यक खर्चों से बचने की सलाह दी गई। उन्हें चेतावनी भी दी गई कि कंपनी की सफलता कठिन परिश्रम और अनथक प्रयत्नों से अर्जित की जानी चाहिए।

प्रारंभ से अब तक माइक्रोसॉफ्ट की संस्कृति आश्चर्यजनक रूप से अपरिवर्तित रही है। कर्मचारीगण सादे कपड़े पहनते हैं, सवारी गाड़ियों में यात्राएँ करते हैं और यात्रा के दौरान औसत दर्जे के होटलों का इस्तेमाल करते हैं। वहाँ कोई पद-सूचक प्रतीक नहीं है, जैसे प्रबंधकों या अधिकारियों का भोजन कक्ष अथवा कीमती फर्नीचर भी नहीं लगाए गए हैं।

सर्वोपरि यह है कि यहाँ का वातावरण कंपनी के अधिकांश कर्मचारियों को कार्य करने के लिए एक सुखद परिवेश प्रदान करता है। यह अत्यावश्यक भी है, क्योंकि उन्हें बहुत अधिक समय वहाँ बिताना पड़ता है।

2. कोई कोशिश उठा न रखिए

यद्यपि बिल गेट्स के पास अत्यधिक संपत्ति और उपलब्धियाँ हैं, फिर भी अन्य उपलब्धियों को आगे भी उपार्जित करते रहने की उनकी क्षुधा उन्हें आगे बढ़ते रहने के लिए प्रेरित करती रहती है। माइक्रोसॉफ्ट में उनके 'स्कूल ऑफ बिजनेस' में शीर्ष अधिकारियों को निम्नलिखित पाठ पढ़ाया जाता है—

अपनी पुस्तक 'रोड अहेड' में उन्होंने अपने विचारों को संसार के समक्ष रखने का प्रयास किया है। उनका विचार है कि जब एक व्यक्ति सही रास्ते पर पहुँच जाए तो उसे आगे-ही-आगे बढ़ते जाना चाहिए। दूसरों को कभी मत समझाइए कि आप क्या करने जा रहे हैं, अन्यथा आपकी योजना से अच्छे परिणाम नहीं मिलेंगे।

1. समझाने का प्रयास मत कीजिए : अपनी पुस्तक 'रोड अहेड' में उन्होंने अपने विचारों को संसार के समक्ष रखने का प्रयास किया है। उनका विचार है कि जब एक व्यक्ति सही रास्ते पर पहुँच जाए तो उसे आगे-ही-आगे बढ़ते जाना चाहिए। दूसरों को कभी मत समझाइए कि आप क्या करने जा रहे हैं, अन्यथा आपकी योजना से अच्छे परिणाम नहीं मिलेंगे।

2. पीछे मत देखिए : सन् 1975 में माइक्रोसॉफ्ट के प्रादुर्भाव से ही बिल गेट्स ने कभी पीछे मुड़कर नहीं देखा। उनके अनुसार, ''पीछे के आईने में देखना समय बरबाद करना है। अपनी पिछली गलतियों पर

कभी पश्चात्ताप न करें। जो बीत गई सो बात गई। सदैव आगे देखिए और सावधान रहिए। दूसरे लोग आपका अनुकरण करेंगे। मैं नेतृत्व करने के लिए पैदा हुआ हूँ, न कि अनुगमन करने के लिए।"

3. अपने उत्तराधिकार की योजना ध्यानपूर्वक बनाएँ : लोग अकसर बिल गेट्स से पूछते हैं कि "आपके बिना माइक्रोसॉफ्ट का भविष्य क्या होता?" मुख्य कार्यकारी अधिकारी के पद के कार्यभार का स्टीव बालमर को निर्बाध हस्तांतरण बिल गेट्स की नेतृत्व-निपुणता का प्रमाण है। किंतु वे अब भी माइक्रोसॉफ्ट के स्वाभाविक अविवादित नायक हैं। पूर्ण हस्तांतरण के प्रश्न से जब भी उनका सामना होता है, तब वे कहते हैं, "शेयरधारकों के हित का सर्वोपरि ध्यान रखते हुए मैं बहुत सावधानी से हस्तांतरण करूँगा।"

4. भविष्य का निर्माण कीजिए : लोग न सिर्फ उनका बहुत सम्मान करते हैं बल्कि विस्मित भी होते हैं। वे उन्हें डिजिटल युग का अग्निरूपक और शिल्पकार मानते हैं। बिल गेट्स कहते हैं, "अपने भविष्य का निर्माण स्वयं कीजिए। अपने भाग्य का निर्माता स्वयं बनिए। रात में देर तक कठिन परिश्रम कीजिए। सदैव अपने परिवेश के बारे में चैतन्य रहिए। आप जो कुछ देखते हैं वही संसार है। वर्तमान के रूप में ही भविष्य आपके सामने आएगा।"

5. भूखे रहिए : बिल गेट्स सदैव ही शक्ति और प्रौद्योगिकी के लिए लालायित रहते हैं। अपनी उपलब्धियों से वे कभी संतुष्ट नहीं होते। वे कहते हैं, "आपके पास जो कुछ है, उससे आप कभी संतुष्ट न होएँ। कुछ नया पाने के लिए सदैव उद्विग्न रहिए।"

□

9
बिल गेट्स की उपलब्धियों के तेरह भाग्यशाली चरण

आधुनिक आर्थिक युग की प्रमुख विशेषता प्रौद्योगिकी का विस्तार है। इसलिए एक सुगठित सूचना-प्रणाली समय की माँग है, जिससे कि प्रत्येक संस्थान विचारों की गति से सफलता प्राप्त कर सके। व्यावसायिक नीति विशेषज्ञों में एक बिल गेट्स ने सफलता के तेरह भाग्यशाली चरणों को इस प्रकार अभिव्यक्त किया है—

1. बड़ा जोखिम, बड़ी उपलब्धि

व्यवसाय में सफलता प्राप्त करने के लिए बाजार की पिछली और वर्तमान स्थितियों को नजरअंदाज करते हुए बड़े लक्ष्यों को निर्धारित करना चाहिए। किंतु बाजार की स्थितियों को जानने के लिए यह अध्ययन अनिवार्य है कि इसके कहाँ पहुँचने की संभावना है और किन्हीं विशेष परिस्थितियों में यह कहाँ पहुँच सकता है। इसके बाद ही किसी कंपनी को पूर्वनिर्धारित रचनात्मक लक्ष्य तक ले जाया जा सकता है। इसलिए सबसे गूढ़ तत्त्व यह है कि बड़े जोखिम बड़ी उपलब्धियों का सूत्रपात करते हैं अथवा बड़ी उपलब्धियों के साथ बड़े जोखिम भी जुड़े रहते हैं।

जोखिम उठाना किसी भी विकसित हो रहे उद्योग का एक भाग है। आज कंप्यूटर उद्योग उतना ही विकसित है जितना सन् 1910 में कार

उद्योग अथवा 1930 में हवाई जहाज उद्योग विकसित था। इन उद्योगों के परिपक्व होने के पूर्व इनमें अनेक मौलिक और अत्यंत गहरे प्रौद्योगिक एवं व्यावसायिक परिवर्तन हुए। ऐसा ही कंप्यूटर उद्योग में हो रहा है। 'परिपक्व उद्योग' से तात्पर्य जोखिम उठाने से है। किंतु पूर्ण विकसित उद्योगों में जहाँ अधिकांश मामलों में विक्रेता बराबरी चाहते हैं, एक नए उत्पाद को निर्मित करने और बाजार में दूसरों से आगे निकल जाने का सर्वोत्तम तरीका जोखिम उठाना और सूचना प्रौद्योगिकी के नियमों में परिवर्तन करना है।

किंतु यह ध्यान में रखा जाना चाहिए कि बड़े जोखिमों का परिणाम बड़ी विफलताओं के रूप में भी आ सकता है। बिल गेट्स के अनुसार, माइक्रोसॉफ्ट की कुछ असफलताओं ने उन्हें महत्त्वपूर्ण अनुभव दिए हैं और उन्हें अपने उत्पादों एवं नीतियों में परिवर्तन करने में सहायता की है।

किंतु यह ध्यान में रखा जाना चाहिए कि बड़े जोखिमों का परिणाम बड़ी विफलताओं के रूप में भी आ सकता है। बिल गेट्स के अनुसार, माइक्रोसॉफ्ट की कुछ असफलताओं ने उन्हें महत्त्वपूर्ण अनुभव दिए हैं और उन्हें अपने उत्पादों एवं नीतियों में परिवर्तन करने में सहायता की है। यद्यपि पीछे देखने पर यह प्रतीत होता है कि माइक्रोसॉफ्ट की वर्तमान सफलता पूर्वनियोजित थी, फिर भी उस समय जब उन्होंने बड़े जोखिम उठाए थे, जिसमें प्रथम माइक्रोकंप्यूटर सॉफ्टवेयर फर्म के रूप में कंपनी की स्थापना शामिल है, अधिकांश लोगों ने उनका मजाक उड़ाया था। उद्योग के अनेक लोगों ने, जो अपनी तात्कालिक प्रौद्योगिकी की सफलता में कमी आने के भय से नई प्रौद्योगिकी को अपनाने में हिचकिचा रहे थे, माइक्रोसॉफ्ट की सफलता से एक बड़ी सीख ली है। यदि आप शीघ्र जोखिम उठाने से इनकार करते हैं तो बाद में बाजार में आपकी अवनति होगी। यदि आप बड़े जोखिम

लेते हैं और उनमें से कुछ में भी सफलता मिल जाती है तो वह आपके भविष्य के लिए उपार्जन कर देगा।

पर्सनल कंप्यूटरों की वर्तमान कार्यक्षमता को प्रचलित कंप्यूटर प्रणालियों की तुलना में श्रेष्ठ बनाने के उद्देश्य सहित माइक्रोसॉफ्ट के वर्तमान लक्ष्यों में ऐसे कंप्यूटरों को विकसित करना है जो देख, सुन और सीख सकते हैं। इसके अलावा उनका लक्ष्य ऐसे सॉफ्टवेयर का निर्माण करना भी है, जो कंप्यूटर के साथ लगे उपकरणों को शक्ति प्रदान कर सकें। यह पहल माइक्रोसॉफ्ट के डिजिटल केंद्राभिसरण की प्रतिक्रिया के रूप में की गई है, जिसमें युक्तियाँ डिजिटल प्रौद्योगिकी का उपयोग करेंगी और उन्हें एक-दूसरे के साथ मिलकर काम करना होगा। यह तो केवल भविष्य में पता लगेगा कि ये पहल सफल होंगी या नहीं, परंतु यह स्पष्ट है कि माइक्रोसॉफ्ट भविष्य में लंबे समय तक कार्य करते रहने के लिए सदैव ही जोखिम उठाने को तैयार है।

पर्सनल कंप्यूटरों की वर्तमान कार्यक्षमता को प्रचलित कंप्यूटर प्रणालियों की तुलना में श्रेष्ठ बनाने के उद्देश्य सहित माइक्रोसॉफ्ट के वर्तमान लक्ष्यों में ऐसे कंप्यूटरों को विकसित करना है जो देख, सुन और सीख सकते हैं। इसके अलावा उनका लक्ष्य ऐसे सॉफ्टवेयर का निर्माण करना भी है, जो कंप्यूटर के साथ लगे उपकरणों को शक्ति प्रदान कर सकें।

2. बीस साल में एक बार कंपनी में जोखिम उठाइए

बिल गेट्स के अनुसार, कंपनी में जब जोखिम उठाया जाता है तो कंपनी बड़ी तेजी से विकसित और समृद्ध होती है। वह बोइंग की नीति से बड़े प्रभावित हुए हैं। बोइंग दुनिया के बहुत बड़े उत्पादकों में एक हैं। उनकी यह विशिष्ट व्यावसायिक नीति है कि प्रत्येक कुछ

दशकों में वे प्रचलन से हटकर एकदम नए वैमानिक उत्पादों को बाजार में उतारने का जोखिम उठाते हैं। सन् 1930 में बोइंग ने एक नए बम-वर्षक विमान को बाजार में उतारा, जो द्वितीय विश्व युद्ध में बी-17 के नाम से प्रसिद्ध हुआ। बाद में सन् 1950 के दशक में बोइंग ने यू.एस.ए. में पहला 707 पूर्ण जेट व्यापारिक यात्री हवाई जहाज बनाने का जोखिम उठाया। इसके बाद सन् 1968 में पहले जंबो जेट 747 का निर्माण किया गया। सन् 1990 के दशक तक बोइंग की अगली व्यापारिक चुनौती अगली पीढ़ी के यात्री विमान 777 का उत्पादन करना था। यह पहला 777 विमान था, जिसे पूरी तरह डिजिटल संसाधनों से डिजाइन किया गया था। इसके अलावा यह पहला ऐसा बोइंग विमान भी था, जिसमें 'फ्लाई-बाई-वायर' टेक्नोलॉजी का इस्तेमाल किया गया था, जिसमें यांत्रिक प्रणालियों में भारी मात्रा में उपयोग किए जानेवाले तारों को हटाकर नियंत्रण प्रणालियों को कंप्यूटरों द्वारा चलाया गया था। यह पहला बोइंग विमान था, जिसे प्रमुख अंतरराष्ट्रीय प्रदायकों द्वारा निर्मित किया गया था और जिसमें डिजिटल सहयोग की आवश्यकता के साथ इलेक्ट्रॉनिक ट्रैफिक का संचालन करने के लिए प्रशांत महासागर से होकर जापान तक नए फाइबर ऑप्टिक केबल की आवश्यकता पड़ी। भारी मात्रा में ज्ञान की कमी पूरी करने के लिए काफी मार्गशोधन की आवश्यकता पड़ी, क्योंकि इसमें बहुत बड़ा जोखिम था,

यह पहला 777 विमान था, जिसे पूरी तरह डिजिटल संसाधनों से डिजाइन किया गया था। इसके अलावा यह पहला ऐसा बोइंग विमान भी था, जिसमें 'फ्लाई-बाई-वायर' टेक्नोलॉजी का इस्तेमाल किया गया था, जिसमें यांत्रिक प्रणालियों में भारी मात्रा में उपयोग किए जानेवाले तारों को हटाकर नियंत्रण प्रणालियों को कंप्यूटरों द्वारा चलाया गया था।

हालाँकि भारी लाभ की संभावना भी थी। परियोजना के प्रमुख उद्देश्यों में त्रुटियों को कम करना, पुनः काम करना और 50 प्रतिशत परिवर्तन करना था। 777 की टीम अपने प्रयासों में सफल हुई और डिजिटल प्रतिरूप में 10,000 ऐसे बिंदुओं को पहचाना गया, जहाँ मशीनों के पार्ट्स आपस में अच्छी तरह फिट नहीं थे। इससे डिजाइन बनानेवालों को यह अवसर मिला कि उत्पादन प्रक्रिया प्रारंभ होने तक प्रतीक्षा न करके उसके पूर्व ही वे इन त्रुटियों को दूर कर सकें। परिणामस्वरूप कंपनी ने 50 लाख डॉलर प्रतिदिन की बचत की, जिसे 747 के उत्पादन के दौरान खर्च किया गया था। संरेखण की वास्तविक परिपूर्णता को सुनिश्चित करने के लिए लेजर संरेखण उपकरणों का इस्तेमाल किया गया, जिससे वायुगतिकीय कार्यक्षमता में वृद्धि हुई, ईंधन का बेहतर उपयोग हुआ और संयोजन प्रक्रिया के दौरान दुबारा कार्य करने की आवश्यकता कम पड़ी। इसके अलावा डिजिटल सूचना प्रवाह ने फ्यूजलेज सेक्शंस और अन्य संघटकों को निर्मित करनेवाले जापानी प्रदायकों के साथ काम करने के तरीके को ही बदल दिया। संकल्पनात्मक डिजाइनें तैयार की गईं और उन्हें इलेक्ट्रॉनिक माध्यम से जापान भेज दिया गया, जहाँ स्थानीय इंजीनियरों ने विस्तृत डिजाइन पर कार्य किया। इलेक्ट्रॉनिक सहयोग ने विभिन्न सहभागियों की भूमिका को पुनः परिभाषित किया और सभी संबद्ध व्यक्तियों के लिए निर्धारित प्रक्रिया को सुप्रवाही बनाया। ऐसी कार्यावस्था में बोइंग को अपने प्रतिद्वंद्वी एयरबस से अनिष्ट की आशंका

संरेखण की वास्तविक परिपूर्णता को सुनिश्चित करने के लिए लेजर संरेखण उपकरणों का इस्तेमाल किया गया, जिससे वायुगतिकीय कार्यक्षमता में वृद्धि हुई, ईंधन का बेहतर उपयोग हुआ और संयोजन प्रक्रिया के दौरान दुबारा कार्य करने की आवश्यकता कम पड़ी।

प्रकट हुई। इसलिए बोइंग के सामने यह चुनौती थी कि वह उससे अच्छा विमान कम उत्पादन लागत में तैयार करे। इसके लिए नई प्रक्रियाओं, सूचना प्रौद्योगिकी के इस्तेमाल के नए तरीकों और वेब कार्य-शैली के पूर्ण अंगीकरण की आवश्यकता पड़ी। बोइंग ने इसे अंगीकार करने में देरी नहीं की। बोइंग के प्रयासों को जिन क्रियाओं ने विशिष्ट बनाया, वे थीं—काफी बड़े स्तर पर एक सिरे से दूसरे सिरे तक डिजिटल डाटा का समाकलन, जिसमें अपने सहभागियों के साथ सुसंबद्धता और बड़े पैमाने पर बौद्धिक एवं उत्पादन क्रियाओं को डिजिटल ग्राफिक फाइल में बदलने की प्रक्रिया भी शामिल है। आज यह संसार में सबसे बड़े वेब आधारित 'पाट्र्स ऑर्डरिंग सिस्टम' का संचालन करते हैं और नए एफ-22 फाइटर पर कार्य करने के लिए लॉकहीड मार्टिन जैसी उत्कृष्ट टीमों को अपने साथ लेकर चलने के लिए भी डिजिटल संसाधनों का उपयोग करते हैं। बोइंग का दृढ़ विश्वास है कि इसके प्रयासों से उत्पादन लागत में 30 से 40 प्रतिशत की कमी आएगी।

आज यह संसार में सबसे बड़े वेब आधारित 'पाट्र्स ऑर्डरिंग सिस्टम' का संचालन करते हैं और नए एफ-22 फाइटर पर कार्य करने के लिए लॉकहीड मार्टिन जैसी उत्कृष्ट टीमों को अपने साथ लेकर चलने के लिए भी डिजिटल संसाधनों का उपयोग करते हैं। बोइंग का दृढ़ विश्वास है कि इसके प्रयासों से उत्पादन लागत में 30 से 40 प्रतिशत की कमी आएगी।

उत्पादन लागत की वसूली के लिए ग्राहकों द्वारा दिए गए पर्याप्त क्रय आदेशों के बिना यह एक बहुत जोखिम भरा कार्य था और यदि इनमें से कोई एक परियोजना भी असफल हो गई होती तो बोइंग संभवत: व्यवसाय से बाहर हो गया होता।

बिल गेट्स बोइंग के मुख्य कार्यकारी अधिकारी फिल कॉण्डित से प्रभावित हैं। कॉण्डित कहते हैं, ''यदि आप डिजिटल कार्य-प्रणाली अपनाने की योजना बना रहे हैं तो आपको डिजिटल प्रणाली पूर्णतः लागू करनी होगी। इस कार्य का एक हिस्सा प्रणाली में विश्वास पर आधारित है तो दूसरा हिस्सा उन लोगों में विश्वास पर निर्भर है, जिन्होंने इस नई प्रणाली को डिजाइन किया है। किंतु आपको यह कठिन निर्णय करना होगा और प्रत्येक व्यक्ति की बैसाखी हटा लेनी होगी।

3. प्रौद्योगिकीः एक नवीन क्षितिज

बिल गेट्स का विश्वास है कि विकास प्रारंभ करने के लिए नई प्रक्रियाओं और नए प्रौद्योगिकी समाधानों के साथ प्रयोग करना अनिवार्य है। एक नई प्रक्रिया अथवा अनुप्रयोग के साथ उत्पन्न होनेवाली प्रत्येक युक्ति या समस्या को चूँकि पहले से नहीं बताया जा सकता, इसलिए यह जरूरी है कि उन्हें यह जानने के लिए इस्तेमाल किया जाए कि वास्तव में कौन सी युक्ति काम कर रही है और कौन सी नहीं। इस्तेमाल करनेवाले लोग जब एक बार उस नई प्रक्रिया पर अपना हाथ जमा लेते हैं तो वे उसके उपयोग को बढ़ाने के नए तरीके भी निकाल लेते हैं। इसलिए जब एक बार बिल गेट्स ने यह देखा कि 'हेड ट्राक्स' ने किस प्रकार एक पूर्णकालिक कर्मचारी की जगह काम किया तो उन्होंने महसूस किया कि वह आनुषंगिक कर्मचारियों का

> *यदि आप डिजिटल कार्य-प्रणाली अपनाने की योजना बना रहे हैं तो आपको डिजिटल प्रणाली पूर्णतः लागू करनी होगी। इस कार्य का एक हिस्सा प्रणाली में विश्वास पर आधारित है तो दूसरा हिस्सा उन लोगों में विश्वास पर निर्भर है, जिन्होंने इस नई प्रणाली को डिजाइन किया है।*

कार्य भी कर सकता है और बजट के उद्देश्य से व्यक्तियों की वार्षिक गणना में अंतर की तुलना का अध्ययन करने के लिए वे इसमें ऐतिहासिक सूचनाओं तक पहुँचने की क्षमता को भी जोड़ सकते हैं।

बिल यह महसूस करते हैं कि दोबारा विकसित की जा रही सभी अभियांत्रिक परियोजनाओं में जटिलता ही उनकी मृत्यु का कारण बनती है, विशेष रूप से उन परियोजनाओं में जिनमें प्रौद्योगिकी को शामिल किया गया है। यह 'वाल स्ट्रीट जर्नल' में छपे एक लेख से भी प्रतिध्वनित होता है, जिसमें एक शोध फर्म 'स्टैंडिश ग्रुप इंटरनेशनल' ने 360 कंपनियों का सर्वेक्षण किया और पाया कि 42 प्रतिशत व्यावसायिक सूचना प्रौद्योगिकी परियोजनाओं को पूरा होने के पूर्व ही बंद करना पड़ा। लेख के अनुसार—सामान्य रूप से जटिलता ही प्रमुख दोष था और जितनी बड़ी परियोजना थी उतनी बड़ी लागत के साथ और उतना ही अधिक उसके विफल होने की प्रवृत्ति पाई गई थी। कम अवधिवाली परियोजनाओं के असफल होने की दर कम होती है, क्योंकि उस अवधि में व्यक्ति महत्त्वपूर्ण व्यापारिक कार्यों से विरत होता है, जो उसे सरलता की ओर बढ़कर ध्यान केंद्रित करने के लिए प्रेरित करता है। परिणामस्वरूप वह उन लक्ष्यों तक पहुँचता है, जिन्हें प्राप्त किया जा सकता है। इसके अलावा कम अवधिवाली परियोजनाओं में धन और समय की क्षति का परिमाण भी अपेक्षाकृत कम होता है। फलस्वरूप ऐसी परियोजनाओं से हटना और अपनी संवर्धन टीम को पुनः निर्देशित करना मनोवैज्ञानिक रूप से सरल होता है; क्योंकि लोग यह महसूस करके दुःखी नहीं होते

बिल यह महसूस करते हैं कि दोबारा विकसित की जा रही सभी अभियांत्रिक परियोजनाओं में जटिलता ही उनकी मृत्यु का कारण बनती है, विशेष रूप से उन परियोजनाओं में जिनमें प्रौद्योगिकी को शामिल किया गया है।

हैं कि उन्होंने एक साल तक ऐसी परियोजना पर कार्य किया है, जो अब विफलता के कारण निरस्त की जा रही है।

इसलिए उन परियोजनाओं में भी जो कुल मिलाकर कई वर्ष लेते हैं, यह दूरदर्शिता होगी कि उन्हें निर्धारित परीक्षण-बिंदुओं के साथ छोटी-छोटी परियोजनाओं में विभक्त किया जाए। इस प्रकार की व्यवस्था से परियोजना के विभिन्न अंगों को साथ-साथ आगे बढ़ाया जा सकता है, जिससे अनेक क्षेत्रों में तीव्र गति से डिजिटल प्रक्रिया का लाभ उस स्थिति में भी मिलता है जब एक या दो क्षेत्रों में हम उलझ जाते हैं। यू.एस.ए. में पाँचवीं सबसे बड़ी रिटेल चेन 'डेटन हडसन' अपने 1,000 डिपार्टमेंटल स्टोर्स के माल आपूर्ति के कालचक्र को कम करना चाहती थी। इसलिए कंपनी ने प्रत्येक व्यापारिक प्रक्रिया को विभिन्न चरणों में जैसे डिजाइन, रंग, कपड़े का चुनाव, विक्रेता का चुनाव आदि में विभक्त कर दिया और फिर उन्होंने प्रत्येक चरण को निपुणता एवं स्वतंत्रतापूर्वक कार्यान्वित किया। परिणामजन्य डिजिटल प्रक्रियाओं को आपस में जोड़ दिया गया, जिससे घरेलू मदों के लिए कालचक्र 25 दिन से घटकर 10 दिन ही रह गया और डेटन, हडसन, टारगेट, मेरविन एवं मार्शल फील्ड्स को अपने भंडार व्यय में कमी करने में सफलता मिली।

यू.एस.ए. में पाँचवीं सबसे बड़ी रिटेल चेन 'डेटन हडसन' अपने 1,000 डिपार्टमेंटल स्टोर्स के माल आपूर्ति के कालचक्र को कम करना चाहती थी। इसलिए कंपनी ने प्रत्येक व्यापारिक प्रक्रिया को विभिन्न चरणों में जैसे डिजाइन, रंग, कपड़े का चुनाव, विक्रेता का चुनाव आदि में विभक्त कर दिया और फिर उन्होंने प्रत्येक चरण को निपुणता एवं स्वतंत्रतापूर्वक कार्यान्वित किया।

डिजिटल वातावरण के सुस्थापित किए जाने के बाद हाथ में ली गई परियोजनाओं में निश्चित रूप से काफी हद तक सफलता मिलती है। कागज के प्रभुत्ववाले वातावरण में डिजिटल अनुप्रयोगों को लागू करना मुश्किल है, क्योंकि यह सामान्य व्यावसायिक गतिविधियों और स्वाभाविक ज्ञान वक्ररेखा के बाहर की चीज है। दूसरी ओर, यदि वातावरण डिजिटल है तो ऐसे अनुप्रयोग तेजी से फैलते हैं। ऐसी स्थितियों में कर्मचारी प्रौद्योगिकी के इस्तेमाल में न सिर्फ काफी निपुण हो जाते हैं बल्कि वे यह माँग भी करते हैं कि नए अनुप्रयोगों को कितनी अच्छी तरह कार्य करना चाहिए। एक बार जब कुछ अनुप्रयोग सफलतापूर्वक काम करने लगते हैं तो लोग और सुधार एवं नए अनुप्रयोगों के लिए लालायित होने लगते हैं तथा उन दूसरे अनुप्रयोगों अथवा वेब पेजों की ओर इंगित करते हैं, जिन्हें आसानी से जोड़ा जा सकता है। इस प्रकार व्यक्ति पूर्ण समाधान प्राप्त कर लेता है।

> ***डिजिटल वातावरण के सुस्थापित किए जाने के बाद हाथ में ली गई परियोजनाओं में निश्चित रूप से काफी हद तक सफलता मिलती है। कागज के प्रभुत्ववाले वातावरण में डिजिटल अनुप्रयोगों को लागू करना मुश्किल है, क्योंकि यह सामान्य व्यावसायिक गतिविधियों और स्वाभाविक ज्ञान वक्ररेखा के बाहर की चीज है।***

वर्तमान तकनीकी निवेश नए डिजिटल अनुप्रयोगों को न केवल सीमांत लागत पर ही उपलब्ध कर सकता है बल्कि यह काफी लाभकारी भी हो सकता है। साधारण पत्र-व्यवहार के लिए इ-मेल्स अनिवार्य हैं। वर्ल्ड वाइड वेब समस्त संसार की सूचनाओं का प्रवेश द्वार है। इसके अलावा ग्राहकों एवं सहभागियों के बीच अपने उत्पादों का प्रचार करने के लिए बाह्य वेबसाइट जरूरी है।

व्यावसायिक सूचनाओं के लिए आंतरिक वेबसाइट आवश्यक है। इसलिए क्यों न इन प्रौद्योगिकियों का इस्तेमाल प्रत्येक व्यापारिक प्रक्रिया के लिए किया जाय? एक चतुर व्यावसायिक नायक वह है जो प्रौद्योगिकी एवं वर्तमान कर्मचारियों के संज्ञान दोनों का ही लाभ उठाता है।

4. द्रुत गति से व्यापार करना

एक डिजिटल नाड़ी संस्थान उपयोगकर्ताओं को समझ और सीखने की क्षमता प्रदान करता है। इसलिए सूचनाओं के एक अच्छे प्रवाह और विश्लेषण करनेवाले उत्तम उपकरणों ने बिल गेट्स को भारी मात्रा में काफी हद तक अभेद्य आँकड़ों के बीच नए लाभकारी अवसरों की अंतर्दृष्टि प्रदान की। इसने मानव मस्तिष्क की क्षमताओं को अधिकतम और मानवीय परिश्रम को न्यूनतम कर दिया। सेंट्रल रीजन टीम में मूल रूप से केवल दो ही सदस्य थे, जो दूसरों के क्षेत्र में भी कार्य किया करते थे। अपने नियमित कार्यों के अलावा लोग दूसरे क्षेत्रों में भी काम करते थे और इस प्रकार उसी संरचना ने उन्हें अपने क्रय-विक्रय कार्यक्रमों को कार्यान्वित करने, मूल्यांकन करने और उसे समायोजित करने का सही साधन उपलब्ध कराया।

एक डिजिटल नाड़ी संस्थान उपयोगकर्ताओं को समझ और सीखने की क्षमता प्रदान करता है। इसलिए सूचनाओं के एक अच्छे प्रवाह और विश्लेषण करनेवाले उत्तम उपकरणों ने बिल गेट्स को भारी मात्रा में काफी हद तक अभेद्य आँकड़ों के बीच नए लाभकारी अवसरों की अंतर्दृष्टि प्रदान की।

एक डिजिटल नर्व्स सिस्टम की रचना प्रारंभ करने के लिए सबसे पहले हमें व्यापार को चलाने एवं बाजार और अपने प्रतिद्वंद्वियों को समझने के लिए आवश्यक सूचनाओं का एक आदर्श चित्र विकसित

करना चाहिए। उन तथ्यों पर ध्यान केंद्रित करना विवेकपूर्ण होगा जिन्हें कंपनी के लाभ के लिए व्यावहारिक आकार दिया जा सकता है। उसके पश्चात् व्यावसायिक विकास से संबंधित प्रश्नों की एक सूची तैयार की जानी चाहिए और सूचना-प्रणाली को उनके उत्तर देने को विवश करना चाहिए। यदि वर्तमान प्रणाली उत्तर देने में विफल रहती है तो तात्कालिक आवश्यकता एक ऐसी प्रणाली को विकसित करने की है, जो उन प्रश्नों के उत्तर दे सके। यदि इसकी अवहेलना की गई तो एक या अधिक प्रतिद्वंद्वी आगे निकलेंगे, जिनसे लड़ना घातक होगा।

एक उत्कृष्ट डिजिटल नाड़ी संस्थान समय की माँग है। इससे एक संगठन के अंदर सूचनाओं को आदान-प्रदान ठीक उसी प्रकार तेजी से और स्वाभाविक रूप से होता है जैसे मनुष्यों के बीच और इसलिए इसे लोगों की टीमों को क्रमबद्ध करने और उनके बीच सामंजस्य स्थापित करने के लिए उसी गति से इस्तेमाल किया जा सकता है जिस प्रकार हम एक व्यक्ति विशेष पर किसी खास समस्या के लिए अपना ध्यान केंद्रित करते हैं। व्यापारियों को अपनी नींद से जागकर यह महसूस करना चाहिए कि सूचनाओं का मूल्यांकन करना कठिन नहीं है और बेहतर सूचनाओं से विक्रय प्रबंधकों की भूमिका में वृद्धि हो सकती है और मात्र बड़े सौदों के ही आस-पास रहने के बजाय व्यापार प्रबंधक बन सकते हैं। इसी प्रकार सहभागियों

> *एक डिजिटल नर्व्स सिस्टम की रचना प्रारंभ करने के लिए सबसे पहले हमें व्यापार को चलाने एवं बाजार और अपने प्रतिद्वंद्वियों को समझने के लिए आवश्यक सूचनाओं का एक आदर्श चित्र विकसित करना चाहिए। उन तथ्यों पर ध्यान केंद्रित करना विवेकपूर्ण होगा जिन्हें कंपनी के लाभ के लिए व्यावहारिक आकार दिया जा सकता है।*

के बीच विक्रय के आँकड़ों के समाकलन से न सिर्फ रिपोर्टिंग प्रक्रिया सुप्रवाही बनती है बल्कि इससे व्यापारिक वार्त्तालाप का स्तर और अधिक नीतिपरक बन जाता है।

इस प्रकार सही सूचनाओं को उचित व्यक्तियों के पास प्रेषित करने से कंपनी के विशिष्ट व्यावसायिक अवसरों पर सक्रिय होने और उसके विकसित होने की क्षमता में नाटकीय सुधार हो सकता है।

5. तथ्यों को सर्वोच्च महत्त्व देना

आज संसार बिल गेट्स को न सिर्फ सम्मान की दृष्टि से देखता है बल्कि उन्हें सफलता का शिल्पकार भी माना जाता है। बिल गेट्स कार्य के संदर्भ में सरल किंतु दृढ़ अंतर्ज्ञान में विश्वास करते हैं। उनके लिए, ''अपनी कंपनी और अन्य प्रतिद्वंद्वियों में अंतर करने और अपने एवं भीड़ के बीच दूरी बनाने का सबसे अर्थपूर्ण तरीका सूचनाओं के साथ उत्कृष्ट कार्य करना है।'' ''आप सूचनाओं को किस प्रकार प्राप्त करते हैं, उन्हें कैसे व्यवस्थित करते हैं और उनका उपयोग किस प्रकार करते हैं, इन्हीं पर यह निर्भर करता है कि आप विजयी होंगे अथवा अवसर खो देंगे।''

आज संसार बिल गेट्स को न सिर्फ सम्मान की दृष्टि से देखता है बल्कि उन्हें सफलता का शिल्पकार भी माना जाता है। बिल गेट्स कार्य के संदर्भ में सरल किंतु दृढ़ अंतर्ज्ञान में विश्वास करते हैं। उनके लिए, ''अपनी कंपनी और अन्य प्रतिद्वंद्वियों में अंतर करने और अपने एवं भीड़ के बीच दूरी बनाने का सबसे अर्थपूर्ण तरीका सूचनाओं के साथ उत्कृष्ट कार्य करना है।''

आज हजारों प्रतिद्वंद्वी हैं और उनके एवं विश्वव्यापी हो चुके बाजार के बारे में पर्याप्त सूचनाएँ उपलब्ध हैं। वे लोग ही विजयी होंगे, जो विश्व-स्तर का डिजिटल नाड़ी-संस्थान विकसित कर लेंगे, ताकि

अधिकतम और निरंतर ज्ञान के लिए सूचनाएँ उनकी कंपनियों में प्रवाहित होती रहें। यह एक निपुण और गुणात्मक प्रक्रिया ही है, जो किसी ब्रांड की पहचान बनाती है और बाजार में उसके हिस्से को रचनात्मक रूप से प्रभावित करते हुए उसे ग्राहक के नजदीक पहुँचाती है। सफलता वास्तव में उपर्युक्त के अलावा बहुत सी बातों पर आधारित है। यदि आपकी प्रक्रियाएँ लँगड़ाकर चल रही हैं, यदि आप गुणवत्ता के बारे में सचेत नहीं हैं, यदि आप अपने ब्रांड को स्थापित करने के लिए हार्दिक प्रयास नहीं करते हैं, यदि विक्रय के उपरांत आपकी ग्राहक-सेवा संतोषप्रद नहीं है तो आपको कहीं से कोई सहायता नहीं मिलेगी। एक निपुण सूचना-प्रणाली के अभाव में सर्वोत्तम नीति भी विफलता का सामना करने को बाध्य होगी। यदि आप अकुशलतापूर्वक योजनाओं को कार्यान्वित करते हैं तो आप व्यवसाय से बाहर हो जाएँगे।

> ***आज आपकी सफलता के पीछे और जो कुछ भी हो—योग्य कर्मचारीगण, उत्तम उत्पाद, ग्राहकों की सद्भावना, बैंक में नकद राशि के अलावा आपको अपनी प्रक्रियाओं को सुप्रवाही बनाने, गुणवत्ता में वृद्धि करने एवं व्यापारिक कार्यों के संपादन में सुधार करने के लिए अच्छी सूचनाओं के तीव्र प्रवाह की आवश्यकता है।***

इसलिए आज आपकी सफलता के पीछे और जो कुछ भी हो—योग्य कर्मचारीगण, उत्तम उत्पाद, ग्राहकों की सद्भावना, बैंक में नकद राशि के अलावा आपको अपनी प्रक्रियाओं को सुप्रवाही बनाने, गुणवत्ता में वृद्धि करने एवं व्यापारिक कार्यों के संपादन में सुधार करने के लिए अच्छी सूचनाओं के तीव्र प्रवाह की आवश्यकता है। अधिकांश कंपनियों में अच्छे लोग काम करते हैं। अधिकांश कंपनियाँ अपने ग्राहकों के साथ न्याय करना चाहती हैं। महत्त्वपूर्ण कार्य-कार्यात्मक आँकड़े

अधिकांश संगठनों के अंदर कहीं-न-कहीं उपलब्ध रहते हैं। किंतु सूचनाओं का प्रवाह आपकी कंपनी का सारभूत द्रव्य है, क्योंकि यह आपको इस योग्य बनाता है कि आप अपने लोगों का अधिकतम उपयोग कर सकें तथा अपने ग्राहकों से सीख सकें।

- आपके उत्पादों के प्रति ग्राहकों का दृष्टिकोण क्या है?
- किन समस्याओं का समाधान वे आपसे चाहते हैं?
- किन नई विशिष्टताओं का समावेश वे आपसे चाहते हैं?
- आपके वितरक और विक्रेता उत्पादों को बेचते समय किन समस्याओं का सामना करते हैं?
- क्या आपके प्रतिद्वंद्वी आपसे दूर स्थित रहकर अपना व्यापार करते हैं? यदि हाँ, तो क्यों?
- ग्राहकों की माँगों में परिवर्तनों से क्या आपको एक नई कार्य-साधक तकनीक विकसित करनी होगी?
- उभरते हुए वे कौन से बाजार हैं, जिनमें आपको प्रवेश करने की आवश्यकता है अथवा आपको उनमें छा जाना चाहिए?

यह सत्य है कि एक डिजिटल नाड़ी संस्थान आपको इन प्रश्नों के उत्तर की गारंटी नहीं देगा, किंतु यह आपको भारी मात्रा में पुरानी कागजी प्रक्रियाओं से मुक्त कर देगा, ताकि आपके पास इन प्रश्नों के बारे में सोचने के लिए समय हो। यह आपको उन आँकड़ों को उपलब्ध कराएगा जिन्हें आधार बनाकर आप अपना चिंतन प्रारंभ कर सकेंगे तथा अन्य सूचनाओं को सामने रखकर

यह सत्य है कि एक डिजिटल नाड़ी संस्थान आपको इन प्रश्नों के उत्तर की गारंटी नहीं देगा, किंतु यह आपको भारी मात्रा में पुरानी कागजी प्रक्रियाओं से मुक्त कर देगा, ताकि आपके पास इन प्रश्नों के बारे में सोचने के लिए समय हो।

प्रवृत्ति का पता लगा सकेंगे। एक डिजिटल नाड़ी संस्थान यह संभावना उत्पन्न कर देगा कि आपके संगठन के किसी कोने से शीघ्र ही तथ्यों और विचारों को सतह पर लाया जा सके; इन प्रश्नों से संबंधित सूचनाओं को उन लोगों से प्राप्त किया जा सके जिनके पास वे उपलब्ध हैं और संभवत: अनेक प्रश्नों के उत्तर भी। सबसे महत्त्वपूर्ण यह है कि यह सबकुछ आप बहुत जल्दी कर सकेंगे।

एक पुराने व्यावसायिक परिहास में यह कहा गया कि यदि रेलवे ने यह समझा होता कि वे लौह-रेल व्यवसाय की अपेक्षा यातायात व्यवसाय में हैं तो हम लोग यूनियन पेसिफिक एयरलाइंस में उड़ रहे होते। अनेक व्यवसायों ने अपने उद्देश्यों को विस्तार दिया है अथवा परिवर्तित किया है और यहाँ तक कि उनमें मौलिक परिवर्तन भी किए हैं। जापान का पहला इलेक्ट्रिक राइस कुकर बनानेवाली एक असफल कंपनी 'सोनी कॉरपोरेशन' बन गई, जो आज संसार में बिजनेस इलेक्ट्रॉनिक्स, उपभोक्ता सामग्रियों, संगीत और सिनेमा उद्योग में शीर्ष पर पहुँच चुकी है। एक कंपनी जो सुयोगवश वेल्डिंग मशीन, ब्लोइंग सेंसर्स और वजन कम करने की मशीनें बना रही थी, अपने उत्पादों में परिवर्तन करके 'ओसिलोस्कोप्स' (दोलन दर्शी) और कंप्यूटरों का उत्पादन करने लगी, जिसे आज हम 'हैवलेट पेकार्ड' के नाम से जानते हैं। इन कंपनियों ने बाजार का अनुसरण करके

एक पुराने व्यावसायिक परिहास में यह कहा गया कि यदि रेलवे ने यह समझा होता कि वे लौह-रेल व्यवसाय की अपेक्षा यातायात व्यवसाय में हैं तो हम लोग यूनियन पेसिफिक एयरलाइंस में उड़ रहे होते। अनेक व्यवसायों ने अपने उद्देश्यों को विस्तार दिया है अथवा परिवर्तित किया है और यहाँ तक कि उनमें मौलिक परिवर्तन भी किए हैं।

अद्‌भुत सफलता प्राप्त की, किंतु दुर्भाग्यवश अधिकांश कंपनियाँ ऐसा नहीं कर पाती हैं। यहाँ तक कि जब आप अपने वर्तमान व्यापार को देखते हैं तो यह अनुमान लगाना सदैव आसान नहीं होता कि विकास का अगला अवसर कहाँ है। उदाहरण के लिए, 'फास्ट फूड' के उन्मत्त संसार को लीजिए। इस क्षेत्र में मैकडॉनल्ड का सबसे सुदृढ ब्रांड नाम और बाजार में अच्छी भागीदारी के साथ उत्कृष्ट गुणवत्ता के लिए उनकी ख्याति है। किंतु बाजार के एक विश्लेषक ने सलाह दी कि मैकडॉनल्ड को अपना व्यावसायिक ढाँचा बदल लेना चाहिए। कंपनी द्वारा फिल्मों से प्रेरित होकर यदा-कदा प्रवर्तित खिलौनों का संदर्भ लेते हुए विश्लेषक ने कहा कि मैकडॉनल्ड को अपने अल्प बचतवाले बर्गर का इस्तेमाल उच्च लाभवाले खिलौनों की एक श्रेणी को बेचने में करना चाहिए, न कि इसके विपरीत। ऐसा परिवर्तन असंभाव्य है, किंतु तेजी से बदल रहे आधुनिक व्यावसायिक संसार में औचित्य नहीं है।

एक कंपनी यह मानकर नहीं चल सकती कि उसने अपने आपको बाजार में अच्छी तरह स्थापित कर लिया है। उसे यह सुनिश्चित करना चाहिए कि वह समय-समय पर अपना मूल्यांकन करती रहे। एक कंपनी किसी दूसरे व्यवसाय में काफी आगे निकल सकती है।

एक कंपनी यह मानकर नहीं चल सकती कि उसने अपने आपको बाजार में अच्छी तरह स्थापित कर लिया है। उसे यह सुनिश्चित करना चाहिए कि वह समय-समय पर अपना मूल्यांकन करती रहे। एक कंपनी किसी दूसरे व्यवसाय में काफी आगे निकल सकती है। दूसरी कंपनी यह महसूस कर सकती है कि उसे उसी व्यवसाय में बने रहना चाहिए जिसे वह अच्छी तरह समझती और करती है। क्रांतिक तथ्य यह है कि कंपनी के प्रबंधकों के पास अपनी प्रतिद्वंद्वात्मक शक्ति का सही आकलन

करने के लिए आवश्यक सूचनाएँ उपलब्ध हों और वे यह समझते हों कि उनका अगला बड़ा चरण क्या हो सकता है। यह सूचना प्रौद्योगिकी ही है, जो आपको अपने व्यवसाय के बारे में गहन ज्ञान एकत्रित करने का सामर्थ्य प्रदान करती है और अवसर झलकने पर तेजी से कार्य करने में सहायता करती है। इसके अलावा यह वही सूचना प्रौद्योगिकी है, जो आपकी अनेक व्यापारिक समस्याओं का समाधान भी प्रस्तुत करती है। इस प्रकार सूचना प्रौद्योगिकी और व्यापार दोनों ही एक-दूसरे पर निर्भर हो चुके हैं और उन्हें अलग नहीं किया जा सकता।

जिस प्रकार किसी भी व्यक्ति में नाड़ी संस्थान अनिवार्य है, उसी प्रकार एक कंपनी में आंतरिक संचार व्यवस्था का होना जरूरी है, ताकि उन्हीं क्रियाओं में सामंजस्य स्थापित किया जा सके। सभी व्यवसायों में कुछ आधारभूत तत्त्वों पर ध्यान केंद्रित किया जाता है जैसे ग्राहकों, उत्पादों, सेवाओं, आय, लागत, प्रतिद्वंद्वियों, प्रेषण एवं कर्मचारियों आदि।

6. आंतरिक संचार व्यवस्था पर जोर देना

जिस प्रकार किसी भी व्यक्ति में नाड़ी संस्थान अनिवार्य है, उसी प्रकार एक कंपनी में आंतरिक संचार व्यवस्था का होना जरूरी है, ताकि उन्हीं क्रियाओं में सामंजस्य स्थापित किया जा सके। सभी व्यवसायों में कुछ आधारभूत तत्त्वों पर ध्यान केंद्रित किया जाता है जैसे ग्राहकों, उत्पादों, सेवाओं, आय, लागत, प्रतिद्वंद्वियों, प्रेषण एवं कर्मचारियों आदि। एक कंपनी को सभी क्षेत्रों में कार्य करते हुए संपूर्ण व्यापारिक प्रक्रियाओं में सामंजस्य बनाए रखना पड़ता है, खासतौर से उन कार्यकलापों में जो विभागीय सीमा को पार करते हुए दूसरे विभागों की क्रियाओं को भी प्रभावित करती हैं। विक्रय

विभाग को यह सुनिश्चित करने की आवश्यकता होती है कि कंपनी के पास माल का पर्याप्त भंडार उपलब्ध है या नहीं अथवा किसी बड़े ऑर्डर के प्रेषण की निर्धारित तिथि के पूर्व माल उपलब्ध हो जाएगा। उत्पादन विभाग को यह जानना होता है कि उनके कौन से उत्पाद तेजी से बिक रहे हैं, ताकि वे अपनी प्राथमिकताओं में आवश्यक परिवर्तन कर सकें। व्यापार प्रबंधकों को पूरी कंपनी में इन दोनों के बारे में पूर्ण सूचनाएँ प्राप्त करने के साथ-साथ बहुत कुछ और जानने की आवश्यकता पड़ती है।

> ***एक संगठन का नाड़ी संस्थान मनुष्यों के नाड़ी संस्थान के ही समान होता है। प्रत्येक व्यवसाय में, चाहे वह कोई भी उद्योग क्यों न हो, 'स्वचालित' प्रणालियाँ होती हैं। यदि कंपनी को बनाए रखना है तो इन कार्यकारी प्रक्रियाओं को चलते रहना होगा।***

एक संगठन का नाड़ी संस्थान मनुष्यों के नाड़ी संस्थान के ही समान होता है। प्रत्येक व्यवसाय में, चाहे वह कोई भी उद्योग क्यों न हो, 'स्वचालित' प्रणालियाँ होती हैं। यदि कंपनी को बनाए रखना है तो इन कार्यकारी प्रक्रियाओं को चलते रहना होगा। प्रत्येक व्यवसाय में उसके व्यावसायिक उद्देश्य के हृदय-स्वरूप एक आंतरिक प्रक्रिया होती है। यह उत्पादों की डिजाइन या निर्माण अथवा सेवाओं का संप्रेषण भी हो सकता है। प्रत्येक व्यवसाय को अपने आय और व्यय की व्यवस्था करनी होती है तथा उसे अनेक प्रकार की प्रशासनिक प्रक्रियाओं जैसे वेतन बिल आदि का भी प्रबंध करना पड़ता है। यदि समय से बिलों और कर्मचारियों को भुगतान नहीं किया गया अथवा निर्मित उत्पादों को ठीक तरीके से बाजार में नहीं पहुँचाया गया तो यह संभव है कि कंपनी की प्रगति रुक जाए। निपुणता और विश्वसनीयता की आवश्यकता ने अनेक प्रक्रियाओं को स्वचालित करने के लिए प्रेरित किया है। आरंभ में, जो

भी संसाधन उपलब्ध थे, उनका उपयोग प्रबंधकों को करना पड़ता था और परिणामस्वरूप जो अतिरिक्त समय लगता था वह बेमेल प्रणाली का प्रफलन ही था। ऐसा इसलिए होता है, क्योंकि प्रत्येक पद्धति यद्यपि स्वतंत्र रूप से कार्य करती है, किंतु उनमें उपलब्ध आँकड़े अलग-थलग पड़े रहते हैं और उन्हें दूसरी पद्धतियों के आँकड़ों के साथ जोड़ना कठिन होता है। इनमें जो अनुपलब्ध हैं वे हैं—सूचनाओं के बीच के संयोजक भाग, जो कि मस्तिष्क के परस्पर संबद्ध तंत्रिका कोशिकाओं (न्यूरोंस) से मिलते-जुलते हैं। कार्यकारी प्रक्रियाओं से आँकड़ों को निकालना और उन्हें अर्थपूर्ण तरीके से इस्तेमाल करना व्यवसाय की दुर्दम समस्याओं में से एक है। यद्यपि स्वचलयंत्रीकरण उपयोगी रहा है, किंतु आज प्रौद्योगिकी ने आरंभिक बुनियादी प्रक्रियाओं को काफी विस्तृत कृत्रिम बुद्धि का एक कोण-शिला बना दिया है।

> ***कार्यकारी प्रक्रियाओं से आँकड़ों को निकालना और उन्हें अर्थपूर्ण तरीके से इस्तेमाल करना व्यवसाय की दुर्दम समस्याओं में से एक है। यद्यपि स्वचलयंत्रीकरण उपयोगी रहा है, किंतु आज प्रौद्योगिकी ने आरंभिक बुनियादी प्रक्रियाओं को काफी विस्तृत कृत्रिम बुद्धि का एक कोण-शिला बना दिया है।***

किसी संकट की स्थिति में अथवा किसी आयोजनाबद्ध घटना की प्रतिक्रिया के रूप में अपनी शक्तियों को एकत्रित करने में समर्थ बनने के लिए किसी कंपनी की अच्छी व्यापारिक प्रतिवर्ती क्रियाएँ दैनिक कार्यक्रमों में शामिल होती हैं। आपको अपने सर्वश्रेष्ठ ग्राहक से इस आशय का एक फोन मिल सकता है कि वह आपके सबसे बड़े प्रतिद्वंद्वी से संबंध स्थापित करने जा रहा है अथवा वह प्रतिद्वंद्वी कोई उत्कृष्ट उत्पाद बाजार में उतार सकता है या आपका कोई उत्पाद दोषपूर्ण है

अथवा आपके समक्ष उत्पादन के ध्वस्त हो जाने की समस्या उत्पन्न हो गई है आदि। व्यवहार-कुशल प्रतिक्रियाओं द्वारा समाधान की जानेवाली अयोजनाबद्ध घटनाएँ सकारात्मक भी हो सकती हैं। आप अप्रत्याशित रूप से सहभागिता अथवा अभिग्रहण के लिए एक ऐसा अवसर पा सकते हैं, जिसके लिए आप लालायित थे। अंतत: यदि आप नए उत्पादों को विकसित करने के लिए एक नई टीम का गठन कर रहे हैं या कोई नया कार्यालय खोल रहे हैं अथवा नए ग्राहकों को आकर्षित करने के लिए कर्मचारियों को नियुक्त कर रहे हैं, तो प्रत्येक दशा में आपको अपनी कंपनी की मांसपेशियों को सचेतन रूप से निर्देशित करना होगा। इन कार्यों को कुशलतापूर्वक पूरा किए जाने के लिए विचार-विमर्श, नीतियों के विश्लेषण, कार्य-संपादन और मूल्यांकन की आवश्यकता होगी।

आपको अपनी कंपनी की मूल व्यापारिक समस्याओं पर विचार करना चाहिए और इन समस्याओं के समाधान के लिए एक दीर्घकालिक व्यावसायिक नीति विकसित करनी चाहिए तथा विश्लेषण के दौरान प्रकाश में आए अवसरों का लाभ उठाना चाहिए। इसके पश्चात् आपको एक नीति का निर्धारण करके उससे संबंधित योजनाओं को कंपनी के सभी लोगों और सहभागियों एवं कंपनी के बाहर अन्य संबद्ध लोगों के साथ विचार-विमर्श करना चाहिए। इसके अलावा कंपनी के लिए यह अति आवश्यक है कि वह अपने ग्राहकों के साथ संवाद स्थापित करे, क्योंकि वे ही उसकी वास्तविक शक्ति हैं। उनसे प्रतिपुष्टि पाने के

आपको अपनी कंपनी की मूल व्यापारिक समस्याओं पर विचार करना चाहिए और इन समस्याओं के समाधान के लिए एक दीर्घकालिक व्यावसायिक नीति विकसित करनी चाहिए तथा विश्लेषण के दौरान प्रकाश में आए अवसरों का लाभ उठाना चाहिए।

बाद कंपनी का यह प्रमुख कर्तव्य है कि जितनी जल्दी हो सके, वह उनके सुझावों पर कार्य करे। यह प्रमुख आवश्यकता कंपनी की समस्त क्षमताओं—परिचालन दक्षता, कूटनीतियुक्त योजना और कार्य-संपादन आदि को सन्निहित कर लेती है। संगठनों के इस सबसे महत्त्वपूर्ण उद्‌देश्य की प्राप्ति के लिए सफल कंपनियों की इन सभी प्रक्रियाओं को धारण करने में एक डिजिटल नाड़ी संस्थान सहायक है। व्यवसाय की समझ के विकास में एक डिजिटल नाड़ी संस्थान दो प्रमुख उद्‌देश्यों को पूरा करता है। यह व्यक्ति की विश्लेषक क्षमता को ठीक उसी प्रकार बढ़ाता है जैसे मशीनें हमारी शारीरिक क्षमताओं को बढ़ा देती हैं। दूसरे, यह संगठनात्मक बुद्धि और संयुक्त क्षमता उत्पन्न करने के लिए विभिन्न व्यक्तियों की क्षमताओं को जोड़ देता है, जो हमें सक्रियता प्रदान करती हैं। इस प्रकार एक डिजिटल नाड़ी संस्थान विभिन्न व्यक्तियों की उत्कृष्टताओं को समाहित करके संगठन की उत्कृष्टता का सृजन करता है और ग्राहकों की सेवा करता है। डिजिटल नाड़ी संस्थान का एक विवेकपूर्ण उपयोग आंतरिक कर्मचारियों के लिए उन आँकड़ों को सुलभ करना भी हो सकता है जिन्हें सामान्यत: किसी विशेष परियोजना के लिए परामर्शदाताओं को उपलब्ध कराया जाता है, क्योंकि इन जनगणना जैसे जनांकिकीय एवं विक्रय संबंधी आँकड़ों का गहन अध्ययन व विश्लेषण करने के बाद ही ये परामर्शदाता लाभ संबंधी विश्लेषणों, प्रतिद्वंद्वियों से

यह संगठनात्मक बुद्धि और संयुक्त क्षमता उत्पन्न करने के लिए विभिन्न व्यक्तियों की क्षमताओं को जोड़ देता है, जो हमें सक्रियता प्रदान करती हैं। इस प्रकार एक डिजिटल नाड़ी संस्थान विभिन्न व्यक्तियों की उत्कृष्टताओं को समाहित करके संगठन की उत्कृष्टता का सृजन करता है और ग्राहकों की सेवा करता है।

तुलनाओं और बेहतर अंतर्दृष्टियुक्त व्यावसायिक प्रक्रियाओं संबंधी अपनी टिप्पणियों से वरिष्ठ प्रबंधकों को विस्मित कर देते हैं।

क्या यह एक दुर्बलता नहीं है कि आपकी कंपनी से बाहर का कोई व्यक्ति आपके द्वारा इस्तेमाल की जानेवाली सूचनाओं से अधिक सूचनाएँ प्राप्त कर रहा है? प्रायः ऐसा होता है कि महत्त्वपूर्ण ग्राहकों और विक्रय संबंधी सूचनाओं को परामर्शदाताओं के आने पर केवल एक बार एक साथ प्रस्तुत किया जाता है। किंतु आदर्श स्थिति तो यह होगी कि इन सूचनाओं को नियमित रूप से अपने सुयोग्य कर्मचारियों के समक्ष प्रस्तुत किया जाए। यदि परामर्शदाता आपकी पद्धतियों से आपकी अपेक्षा से अधिक अंतर्दृष्टि प्राप्त कर लेते हैं तो ऐसा वे अपनी विशिष्ट क्षमताओं के कारण पाते हैं, न कि इसलिए कि आपने सूचनाएँ खासतौर से परामर्शदाताओं के लिए तैयार की हैं। सारांश यह है कि यदि एक परामर्शदाता आपके आँकड़ों में एक प्रवृत्ति ढूँढ़ सकता है, जिसे आप नहीं देख पाते तो कहीं-न-कहीं आपकी सूचनाओं के प्रवाह में कोई कमी है।

क्या यह एक दुर्बलता नहीं है कि आपकी कंपनी से बाहर का कोई व्यक्ति आपके द्वारा इस्तेमाल की जानेवाली सूचनाओं से अधिक सूचनाएँ प्राप्त कर रहा है? प्रायः ऐसा होता है कि महत्त्वपूर्ण ग्राहकों और विक्रय संबंधी सूचनाओं को परामर्शदाताओं के आने पर केवल एक बार एक साथ प्रस्तुत किया जाता है।

7. कागजी प्रक्रियाओं को डिजिटल प्रक्रियाओं में बदलें

बिल गेट्स का विचार है कि डिजिटल प्रौद्योगिकी उत्पादन और व्यावसायिक प्रक्रियाओं में काफी परिवर्तन ला सकती है। इसके अलावा यह कर्मचारियों को धीमी और कठोर कागजी प्रक्रियाओं से भी मुक्त

कर सकती है। कागजी प्रक्रियाओं को डिजिटल प्रक्रियाओं में बदल दिए जाने पर ज्ञान-आधारित कर्मचारियों को रचनात्मक कार्य करने की स्वतंत्रता मिल जाती है। पूर्ण रूप से डिजिटल कार्यालय को सामान्यत: 'कागज-रहित कार्यालय' कहते हैं। यह एक ऐसा वाक्यांश है, जिसे हम अतीत में जाकर कम-से-कम सन् 1973 से जोड़ सकते हैं। यह एक महान् स्वप्न था कि उन कागजों के अंबार से मुक्ति मिले, जिनमें से आप वह ढूँढ़ नहीं सकते जिसकी आपको आवश्यकता है। इसका अर्थ यह है कि अब हमें बाजार संबंधी सूचनाओं या विक्रय आँकड़ों को प्राप्त करने के लिए रजिस्टरों और रिपोर्टों के ढेरों को नहीं पलटना होगा और अब खोए हुए फॉर्म, खोए हुए बीजक, अनावश्यक प्रविष्टियों, खोए हुए चेक एवं अपूर्ण कागजी कार्यवाही के कारण उत्पन्न विलंब के लिए कोई जगह नहीं होगी। किंतु कृत्रिम बुद्धि की तरह कागज-रहित कार्यालय उन तत्त्वों में एक है जो 'अब किसी भी दिन' स्थापित हो सकता है, पर येन केन प्रकारेण वह वास्तव में आता हुआ दिखाई नहीं देता।

> ***बिल गेट्स का विचार है कि डिजिटल प्रौद्योगिकी उत्पादन और व्यावसायिक प्रक्रियाओं में काफी परिवर्तन ला सकती है। इसके अलावा यह कर्मचारियों को धीमी और कठोर कागजी प्रक्रियाओं से भी मुक्त कर सकती है। कागजी प्रक्रियाओं को डिजिटल प्रक्रियाओं में बदल दिए जाने पर ज्ञान-आधारित कर्मचारियों को रचनात्मक कार्य करने की स्वतंत्रता मिल जाती है।***

सन् 1974-75 में कंपनियाँ 'भविष्य के कार्यालय' की बात कर रही थीं जिनमें कंप्यूटर्स होंगे और सूचनाओं के साथ ऑन-लाइन इ-मेल। सन् 1975 से 1987 के बीच अनेक व्यापारिक प्रतिष्ठानों ने यह वादा किया था कि कागजरहित कार्यालय अब ज्यादा दूर नहीं है और वे

कार्यस्थलों में आमूल परिवर्तन कर देंगे, किंतु सन् 1988 में बिल गेट्स ने एक संवाददाता से कहा, 'कागज-रहित कार्यालय' का यथार्थ अभी भी बहुत दूर है। आधुनिक कंप्यूटर्स अभी भी इस स्वप्न को पूरा नहीं कर पा रहे हैं।

आजकल इस स्वप्न को व्यावहारिक स्वरूप देने के लिए सबकुछ यथास्थान है। ग्राफिकल कंप्यूटिंग और विश्लेषण के लिए बेहतर संसाधन उपयोगकर्ताओं को विभिन्न प्रकार के आँकड़ों का समाकलन करने में सक्षम बनाते हैं। अत्यंत सक्षम नेटवर्कयुक्त पर्सनल कंप्यूटरों को बड़ी संख्या में कार्यालयों में देखा जाता है। इंटरनेट संपूर्ण विश्व में व्यक्तिगत कंप्यूटरों को जोड़ रहा है। फिर भी कागज की खपत हर चार वर्ष में दूनी हो रही है। आज भी यू.एस.ए. में 95 प्रतिशत सूचनाएँ कागजों में रहती हैं, जबकि केवल 1 प्रतिशत को इलेक्ट्रॉनिक माध्यम से संचित किया जाता है।

आजकल इस स्वप्न को व्यावहारिक स्वरूप देने के लिए सबकुछ यथास्थान है। ग्राफिकल कंप्यूटिंग और विश्लेषण के लिए बेहतर संसाधन उपयोगकर्ताओं को विभिन्न प्रकार के आँकड़ों का समाकलन करने में सक्षम बनाते हैं। अत्यंत सक्षम नेटवर्कयुक्त पर्सनल कंप्यूटरों को बड़ी संख्या में कार्यालयों में देखा जाता है।

सन् 1996 में बिल गेट्स ने इसके कारणों की छानबीन करने का निर्णय लिया। कारणों के स्पष्ट होने पर कागज के इस्तेमाल को इलेक्ट्रॉनिक माध्यम में बदलने के एक बड़े समर्थक माइक्रोसॉफ्ट को भी कागजों के इस्तेमाल को जारी रखने के लिए बाध्य होना पड़ा। उनके आश्चर्य का उस समय ठिकाना न रहा जब उन्होंने देखा कि उनकी कंपनी ने उस वर्ष विक्रय रिपोर्टों की 35 लाख प्रतियाँ छापी थीं। जब उन्होंने कंपनी द्वारा उपयोग में लाए

जा रहे प्रत्येक कागजी फॉर्म की एक प्रति माँगी तो जो मोटी फाइल उनकी मेज पर रखी गई, उसमें सैकड़ों-सैकड़ों फॉर्म्स थे, जिनमें 141 फॉर्म केवल माल प्राप्त करने से संबंधित थे। उनके 401 रिटायरमेंट योजनाओं के लिए आठ अलग-अलग प्रकार के कागजी फॉर्म्स थे जिन्हें योजना से जुड़ने या उसे छोड़ने, कर्मचारी सूचनाओं में परिवर्तन करने और कर्मचारियों द्वारा किए जानेवाले निवेश अथवा अंशदान में परिवर्तन करने आदि के लिए भरना पड़ता है। हर बार जब सरकार नियमों में परिवर्तन करती है तो कंपनी को उन फॉर्मों में संशोधन करके दोबारा छापना पड़ता है और हजारों पुराने फॉर्मों को 'री-साइकिल' करना पड़ता है। बिल गेट्स ने कागज की इस खपत को एक बड़ी समस्या के लक्षण के रूप में देखा। प्रशासनिक प्रक्रियाएँ काफी जटिल और अधिक समय लेनेवाली होती हैं। इसलिए बिल गेट्स ने अपनी स्थिति का लाभ लेते हुए सभी अनावश्यक फॉर्मों पर रोक लगा दी। कागजों को उन 'सिस्टम' से बदल दिया गया जो कहीं अधिक सही और इस्तेमाल में आसान थे। साथ ही इससे लोगों को और रुचिकर कार्यों को करने के लिए समय मिला।

बिल गेट्स ने कागज की इस खपत को एक बड़ी समस्या के लक्षण के रूप में देखा। प्रशासनिक प्रक्रियाएँ काफी जटिल और अधिक समय लेनेवाली होती हैं। इसलिए बिल गेट्स ने अपनी स्थिति का लाभ लेते हुए सभी अनावश्यक फॉर्मों पर रोक लगा दी। कागजों को उन 'सिस्टम' से बदल दिया गया जो कहीं अधिक सही और इस्तेमाल में आसान थे।

आज एक कर्मचारी को नियुक्त किए जाने के पूर्व ही उसे इलेक्ट्रॉनिक यात्रा प्रारंभ करनी पड़ती है। कंपनी प्रतिदिन 6 से 900

आवेदकों से उनका संक्षिप्त विवरण डाक, इ-मेल अथवा माइक्रोसॉफ्ट वेबसाइट पर 'रिज्यूम बिल्डर' के माध्यम से प्राप्त करती है। लगभग 70 प्रतिशत संक्षिप्त विवरण इलेक्ट्रॉनिक माध्यम से इ-मेल अथवा वेब द्वारा प्राप्त होते हैं, जबकि कागज पर लिखे डाक द्वारा प्राप्त विवरण मात्र 6 प्रतिशत ही होते हैं। प्रत्येक इलेक्ट्रॉनिक विवरण के लिए सॉफ्टवेयर द्वारा स्वतः प्राप्ति-सूचना भेज दी जाती है। मैसाचुसेट्स स्थित लेक्जिंगटन की रेस्ट्रैक नामक भरती करनेवाली कंपनी का डेटाबेस (वह स्थान जहाँ डेटा को सामूहिक रूप से एकत्रित किया जाता है) रिज्यूम बिल्डर वेबसाइट (संक्षिप्त विवरण तैयार करनेवाली वेबसाइट) से सूचनाएँ सीधे प्राप्त कर लेता है और इ-मेल द्वारा भेजे गए विवरणों को रेस्ट्रैक को भेज दिया जाता है। कागज पर प्राप्त विवरणों को स्कैन करके ऐसे इलेक्ट्रॉनिक अक्षरों में बदल दिया जाता है, जो सीधे डेटाबेस में चले जाते हैं। इसके बाद सभी विवरणों को 24 से 48 घंटों के अंदर उपलब्ध नौकरियों के अपेक्षित विवरणों से इलेक्ट्रॉनिक माध्यम से मिलाया जाता है। मानव संसाधन विशेषज्ञ रेस्ट्रैक डेटाबेस में उपयुक्त अभ्यर्थियों की तलाश करते हैं और उन प्रबंधकों से व्यक्तिगत रूप से अथवा इ-मेल द्वारा संपर्क करते हैं, जिन्हें उन अभ्यर्थियों की आवश्यकता है। वे नौकरी संबंधी साक्षात्कार के लिए कार्यक्रम तैयार करनेवाले सॉफ्टवेयर का भी इस्तेमाल करते हैं। इंटरव्यू

मैसाचुसेट्स स्थित लेक्जिंगटन की रेस्ट्रैक नामक भरती करनेवाली कंपनी का डेटाबेस (वह स्थान जहाँ डेटा को सामूहिक रूप से एकत्रित किया जाता है) रिज्यूम बिल्डर वेबसाइट (संक्षिप्त विवरण तैयार करनेवाली वेबसाइट) से सूचनाएँ सीधे प्राप्त कर लेता है और इ-मेल द्वारा भेजे गए विवरणों को रेस्ट्रैक को भेज दिया जाता है।

लेनेवाले प्रत्येक अधिकारी को संक्षिप्त विवरण की एक प्रति और अन्य पृष्ठभूमिक सूचनाएँ इ-मेल के माध्यम से दे दी जाती हैं। किसी संभावित अभ्यर्थी से मिलने के बाद इंटरव्यू लेनेवाले प्रत्येक अधिकारी अपनी टिप्पणियों को मानव संसाधन विशेषज्ञ को इ-मेल से प्रेषित कर देता है। इसके बाद नियुक्ति करनेवाले प्रबंधक और साक्षात्कार लेनेवाले अन्य अधिकारी बाद में इंटरव्यू लेनेवाले अधिकारियों को अपने अन्य बचे हुए प्रश्नों का सुझाव देते हैं। इस प्रकार उपयुक्त समय पर साक्षात्कार संबंधी सूचनाओं का आपस में आदान-प्रदान कर लेने से इंटरव्यू लेनेवाले अधिकारियों का एक-दूसरे द्वारा कर लिये गए कार्यों के आगे का कार्य करने का मार्ग सुनिश्चित हो जाता है और उन्हें दोबारा वही कार्य नहीं करना पड़ता। उन अभ्यर्थियों को जिन्हें स्पष्टत: नियुक्त कर लिया जाना है, इ-मेल द्वारा यह बताया जाता है कि माइक्रोसॉफ्ट उनके लिए क्यों एक बेहतर विकल्प है।

बिल गेट्स निपुण कर्मचारियों को पुरस्कृत करने की नीति का अनुसरण करते हैं। जब माइक्रोसॉफ्ट में किसी कर्मचारी की पदोन्नति की जाती है तो उसे हर छह महीने पर अपने कार्य-निष्पादन संबंधी रिपोर्टों की समीक्षा करने का अतिरिक्त कार्य-भार भी सौंपा जाता है।

8. निपुण कर्मचारियों की नियमित पदोन्नति

बिल गेट्स निपुण कर्मचारियों को पुरस्कृत करने की नीति का अनुसरण करते हैं। जब माइक्रोसॉफ्ट में किसी कर्मचारी की पदोन्नति की जाती है तो उसे हर छह महीने पर अपने कार्य-निष्पादन संबंधी रिपोर्टों की समीक्षा करने का अतिरिक्त कार्य-भार भी सौंपा जाता है। प्रत्येक कर्मचारी अपना मूल्यांकन स्वयं करता है और मूल प्रलेख में अपनी

टिप्पणी भी दर्ज करता है। किसी कर्मचारी के मूल्यांकन में एक समकक्ष अधिकारी द्वारा की गई समीक्षा भी शामिल की जाती है। अन्य मंडलों के कर्मचारियों अथवा यहाँ तक कि दुनिया के किसी क्षेत्र से प्रतिपुष्टि प्राप्त करना इ-मेल के कारण आसान हो गया है। एक प्रबंधक अपने कर्मचारियों के कार्यों के मूल्यांकनों की समीक्षा करता है और अपनी ओर से योग्यता क्रम-निर्धारण (रेटिंग) करता है। अंत में, प्रबंधक प्रत्येक कर्मचारी से स्वयं मिलते हैं और उनके निष्पादन एवं नए उद्देश्यों के बारे में विचार-विमर्श करते हैं।

आरंभ में माइक्रोसॉफ्ट के प्रबंधक गण वास्तविक समीक्षा की अपेक्षा समीक्षा संबंधी कागजी काररवाई पर अधिक समय लगाते थे। समीक्षा संबंधी सॉफ्टवेयर के उपयोग में लाए जाने से प्रबंधकों का कार्य न सिर्फ सरल हो गया है बल्कि इससे यह भी सुनिश्चित हो जाता है कि कंपनी की नीतियों का अनुपालन किया जा रहा है।

आरंभ में माइक्रोसॉफ्ट के प्रबंधक गण वास्तविक समीक्षा की अपेक्षा समीक्षा संबंधी कागजी काररवाई पर अधिक समय लगाते थे। समीक्षा संबंधी सॉफ्टवेयर के उपयोग में लाए जाने से प्रबंधकों का कार्य न सिर्फ सरल हो गया है बल्कि इससे यह भी सुनिश्चित हो जाता है कि कंपनी की नीतियों का अनुपालन किया जा रहा है। इस सॉफ्टवेयर के माध्यम से दक्षता-स्तर के निर्धारण में चूक होने पर प्रबंधकों की रेटिंग के अनुरूप एवं प्रत्येक कर्मचारी के कार्य-स्तर एवं वर्तमान वेतन को ध्यान में रखते हुए उनकी वेतन वृद्धि एवं बोनस की भी गणना कर दी जाती है। त्रुटियों का रह जाना संभव है (उदाहरण के लिए, सिस्टम पर एक उत्कृष्ट कर्मचारी के वेतन और बोनस का लोड हो जाना); किंतु प्रबंधकों को कंपनी के मार्गदर्शक सिद्धांतों के अनुरूप निर्धारित प्रतिशत का भी अनुसरण करना होता है।

प्रबंधकों द्वारा दक्षता-स्तर संबंधी नंबर को कंप्यूटर में सूचना इनपुट दिए जाने के बाद वह स्वतः ही वर्ग के नए औसत की गणना कर लेता है। यदि प्रबंधक ने उसे बहुत कम या अधिक नंबर दिए हैं तो वह स्वयं पीछे जाकर नंबरों को पढ़ सकता है। वरिष्ठ प्रबंधकों द्वारा इलेक्ट्रॉनिक माध्यम से नंबरों की समीक्षा कर लिये जाने के बाद पारिश्रमिक संबंधी परिवर्तन कर्मचारी के 'मास्टर डेटा' और 'स्टॉक-ऑप्शन सिस्टम' में सीधे 'फीड' हो जाता है। सिस्टम द्वारा कर्मचारी के योग्यता-क्रम-निर्धारण (रैंकिंग) को पारिश्रमिक में रूपांतरित कर देने से तथा प्रबंधक द्वारा स्वतः कर्मचारियों की 'रैंकिंग' को कार्य-निष्पादन एवं वेतन दोनों ही के आधार पर तुलना करने की सुविधा (सिस्टम पर) उपलब्ध होने से प्रबंधकों को अपने कर्मचारियों का कार्य-निष्पादन एवं नीतियों दोनों ही के अनुरूप लगातार क्रम-निर्धारण करते रहने में सहायता मिलती है। यह भी अनुमान लगाया गया है कि इस ऐप्लिकेशन सॉफ्टवेयर के उपयोग से समीक्षा संबंधी प्रशासनिक कार्यों पर प्रबंधकों द्वारा लगाए जानेवाले समय में कम-से-कम 50 प्रतिशत की कमी आई है।

यदि प्रबंधक ने उसे बहुत कम या अधिक नंबर दिए हैं तो वह स्वयं पीछे जाकर नंबरों को पढ़ सकता है। वरिष्ठ प्रबंधकों द्वारा इलेक्ट्रॉनिक माध्यम से नंबरों की समीक्षा कर लिये जाने के बाद पारिश्रमिक संबंधी परिवर्तन कर्मचारी के 'मास्टर डेटा' और 'स्टॉक-ऑप्शन सिस्टम' में सीधे 'फीड' हो जाता है।

9. अपनी प्राथमिकताओं को स्पष्ट रखना

एक आधुनिक संस्थान के कागजी कार्यकलापों को इलेक्ट्रॉनिक माध्यम में बदलना यद्यपि उस संस्थान के नाड़ी तंत्र के विकास में एक

महत्त्वपूर्ण चरण है, किंतु इस परिवर्तन को केवल उपलब्ध क्रियाओं को सुप्रवाही बनाने के लिए ही इस्तेमाल नहीं किया जाना चाहिए, बल्कि इसका उपयोग व्यवसाय की महत्त्वपूर्ण केंद्रीय प्रक्रियाओं में सुधार लाने के लिए भी किया जाना चाहिए। एक बार सबकुछ यथास्थान कर लिये जाने के बाद डिजिटल नाड़ी संस्थान का निर्माण सरल हो जाता है। आंतरिक कागजी पद्धति से छुटकारा पाने के लिए आपको एक अच्छे नेटवर्क, एक अच्छी इ-मेल पद्धति और आसानी से बननेवाले वेब पेज की आवश्यकता पड़ती है। एक बार आधारभूत संरचना के स्थापित हो जाने के बाद आप किसी भी संख्या में 'इंट्रानेट ऐप्लिकेशंस' आसानी से जोड़ सकते हैं।

आंतरिक कागजी पद्धति से छुटकारा पाने के लिए आपको एक अच्छे नेटवर्क, एक अच्छी इ-मेल पद्धति और आसानी से बननेवाले वेब पेज की आवश्यकता पड़ती है। एक बार आधारभूत संरचना के स्थापित हो जाने के बाद आप किसी भी संख्या में 'इंट्रानेट ऐप्लिकेशंस' आसानी से जोड़ सकते हैं।

आंतरिक उपकरणों के दो उद्‌देश्य हैं—दैनिक काम-काज के लिए सॉफ्टवेयर का इस्तेमाल, जिससे ज्ञान-आधारित कर्मचारियों के समय और ऊर्जा की बरबादी रुक सके और उन्हें अधिक कठिन कार्यों को आशा के अनुरूप करने के लिए समय मिल सके। संगठन में आंतरिक इलेक्ट्रॉनिक नाड़ी संस्थान विकसित करनेवाले अधिकांश लोग 'सॉफ्ट बॉयल्ड एग' नियम का इस्तेमाल करते हैं, जिसके अंतर्गत उपयोगकर्ता को अधिकांश सॉफ्टवेयर आधारित प्रशासनिक उपकरणों में प्रवेश करने या उससे बाहर निकलने के लिए तीन मिनट से अधिक समय न लगे। इस माप से स्वचालित कार्य-प्रणाली सुनिश्चित हो जाती है।

प्रशासनिक एवं आंतरिक व्यापारिक प्रक्रियाओं को सुप्रवाही बनाना कर्मचारियों की समग्र कार्य-कुशलता में सुधार करने का एक महत्त्वपूर्ण तरीका है। ज्ञान आधारित कर्मचारियों को अच्छे उपकरण देना भी एक सूक्ष्म किंतु महत्त्वपूर्ण संदेश प्रेषित करता है। कंपनी में लोग पहल करनेवाले कर्मचारियों को पुरस्कृत करने और सभी कर्मचारियों का ध्यान व्यवसाय पर केंद्रित करने की बात करते हैं। जब कर्मचारी यह देखते हैं कि कंपनी उनके कार्यों में आनेवाली कठिनाइयों और अधिक समय लगने वाले सामान्य प्रशासनिक कार्यकलापों को समाप्त कर रही है तो वे समझते हैं कि कंपनी उनके समय को महत्त्व देती है और वह चाहती है कि वे अपना समय लाभकारी कार्यों में इस्तेमाल करें। जब आप अपने कारखाने के कर्मचारियों को अधिक कुशल बना देते हैं तो उनका आकलन करना आसान होता है। किंतु जब आप ज्ञान-आधारित कर्मचारियों को अधिक प्रभावी बना देते हैं तो उसका अनुमान लगाना कठिन होता है। यह एक व्यावहारिक ज्ञान है कि यदि एक ज्ञान-आधारित कर्मचारी रोजमर्रा के सामान्य कार्यों से बोझिल न हो अथवा उसका ध्यान अन्य साधारण कार्यों के कारण विचलित न हो तो वह बेहतर कार्य करेगा। इससे ग्राहकों को अत्यधिक लाभ होगा, क्योंकि कागजों को उलट-फेर

प्रशासनिक एवं आंतरिक व्यापारिक प्रक्रियाओं को सुप्रवाही बनाना कर्मचारियों की समग्र कार्य-कुशलता में सुधार करने का एक महत्त्वपूर्ण तरीका है। ज्ञान आधारित कर्मचारियों को अच्छे उपकरण देना भी एक सूक्ष्म किंतु महत्त्वपूर्ण संदेश प्रेषित करता है। कंपनी में लोग पहल करनेवाले कर्मचारियों को पुरस्कृत करने और सभी कर्मचारियों का ध्यान व्यवसाय पर केंद्रित करने की बात करते हैं।

करने में कर्मचारियों को कम समय लगाना पड़ेगा और वे ग्राहकों की आवश्यकताओं को पूरा करने में अधिक समय दे सकेंगे।

10. इंटरनेट पर अत्यधिक विश्वास

बिल गेट्स इंटरनेट के एक बहुत बड़े समर्थक हैं। उनका दृढ़ विश्वास है कि एक दिन यह हम लोगों के लिए आश्चर्यजनक कार्य करेगा। इस संदर्भ में जर्मनी के लोगों को विश्वास दिलाने से संबंधित उनकी कहानी उल्लेख करने योग्य है। एक जर्मन आर्थिक संस्थान के निदेशक मंडल से बिल गेट्स की बातचीत का समय निर्धारित किया गया। वे व्यापार में अनुभवी लोग थे। उनमें सबसे छोटा व्यक्ति शायद पचपन वर्ष का था और अनेक साठ के ऊपर में चल रहे थे। उन्होंने बैंकिंग व्यवसाय में बहुत से परिवर्तन देखे थे। मेनफ्रेम (वह अत्यंत विशाल कंप्यूटर, जिसका प्रयोग बहुत बड़ी मात्रा में डेटा प्रोसेसिंग करने के लिए बड़े-बड़े औद्योगिक संस्थानों द्वारा किया जाता है। इसकी डेटा प्रोसेस करने की क्षमता बहुत ज्यादा होती है) से प्रारंभ करते हुए उन लोगों ने अनेक प्रौद्योगिक परिवर्तन देखे थे। हालाँकि अब तक बैंक ने इंटरनेट प्रौद्योगिकी स्वीकार नहीं की थी। वार्त्तालाप के दिन उन लोगों ने माइक्रोसॉफ्ट के कर्मचारियों द्वारा अपनी कंप्यूटर नीतियों के बारे में पेश की गई अनेक प्रस्तुतियाँ सुनीं और जब बिल गेट्स उस केंद्र पर पहुँचे तो सभी लोग प्रसन्न दिखाई दे रहे थे।

> ***बिल गेट्स इंटरनेट के एक बहुत बड़े समर्थक हैं। उनका दृढ़ विश्वास है कि एक दिन यह हम लोगों के लिए आश्चर्यजनक कार्य करेगा। इस संदर्भ में जर्मनी के लोगों को विश्वास दिलाने से संबंधित उनकी कहानी उल्लेख करने योग्य है।***

"क्या समस्या है?" बिल गेट्स ने पूछा ।

उनमें से एक ने उत्तर दिया, ''हम समझते हैं कि बैंकिंग व्यवस्था पूरी तरह परिवर्तित होने की प्रक्रिया में है। हमें माइक्रोसॉफ्ट के लोगों से यहाँ कुछ तकनीकी जानकारियाँ मिल रही हैं। ये प्रस्तुतियाँ उनसे कहीं अधिक शिल्पीय हैं, जिनके हम अभ्यस्त हैं।'' उन्होंने अपना चश्मा उतारा, आँखें मलीं और कहा, ''यह संभवत: अच्छा है, किंतु इससे हम थक रहे हैं।'' एक क्षण रुकने के बाद उन्होंने फिर कहा, ''यह अच्छा है कि आप अपने सभी उत्पादों को बेहतर बनाने जा रहे हैं, किंतु आपकी समग्र योजना क्या है? एक दीर्घकालिक विक्रेता के रूप में आपको देखने के लिए हम चाहते हैं कि आप हमें भविष्य के बारे में अपने दृष्टिकोण से अवगत कराएँ। विकास के लिए आपके संगठनात्मक सिद्धांत क्या हैं?''

यह अच्छा है कि आप अपने सभी उत्पादों को बेहतर बनाने जा रहे हैं, किंतु आपकी समग्र योजना क्या है? एक दीर्घकालिक विक्रेता के रूप में आपको देखने के लिए हम चाहते हैं कि आप हमें भविष्य के बारे में अपने दृष्टिकोण से अवगत कराएँ। विकास के लिए आपके संगठनात्मक सिद्धांत क्या हैं?

सामान्यत: ग्राहकों को अपने उत्पाद विवरणों से अवगत करानेवाले माइक्रोसॉफ्ट के वरिष्ठ प्रबंधक पहले से तैयार करके कोई प्रस्तुति अपने साथ नहीं लाते हैं। इसकी जगह वे व्यक्ति ग्राहकों के प्रश्नों का उत्तर देता है और संक्षेप में यह बताता है कि किन्हीं महत्त्वपूर्ण समस्याओं के समाधान के लिए कंपनी क्या करेगी। इसलिए जब बिल गेट्स उन बैंक संचालकों के सामने खड़े हुए तब उन्होंने महसूस किया कि वे लोग आठ घंटे तक बैंक संचालकों से बातचीत करते रहें, किंतु वे ग्राहक की प्रमुख चिंताओं का निराकरण नहीं कर सके। परंतु इससे वे विचलित नहीं हुए। वे डिजिटल नाड़ी संस्थान पर कई बार भाषण दे चुके थे। इसलिए

वे पूरे आत्मविश्वास के साथ श्वेत मंच पर गए और निकट भविष्य में प्रौद्योगिकी में परिवर्तन के कारण आनेवाले जिन बदलावों की वे आशा करते थे उन्हें सविस्तार प्रस्तुत करने लगे। उनके मित्र ऐंडी ग्रुव ने विभिन्न उद्योगों को विभिन्न अवसरों पर परिवर्तित करने वाले जटिल 'अंतर्वक्रीय बिंदुओं' के बारे में लिखा था। इसलिए बिल गेट्स ने इन अंतर्वक्रीय बिंदुओं का इस्तेमाल ग्राहकों के व्यवहार में बदलाव लानेवाले उन तेरह महत्त्वपूर्ण बिंदुओं के रूप में किया, जो सभी डिजिटल प्रौद्योगिकी से संबंधित थे और सभी हमारे सामने घटित हो रहे थे। बिल गेट्स ने उनसे पूछा कि क्या वे विश्वास करते हैं कि इनमें से प्रत्येक घटित होगा? उन्होंने यह भी जोड़ा कि यदि वे ऐसा विश्वास नहीं करते तो उन्हें वह परिवर्तन नहीं करना चाहिए जो वे प्रौद्योगिकी के साथ कर रहे हैं। किंतु यदि वे विश्वास करते हैं कि यह सबकुछ घटित होने वाला है और यह केवल समय की बात है, तो उन्हें परिवर्तन के लिए अपने आपको तैयार करना शुरू कर देना चाहिए।

बिल गेट्स ने उनसे पूछा कि क्या वे विश्वास करते हैं कि इनमें से प्रत्येक घटित होगा? उन्होंने यह भी जोड़ा कि यदि वे ऐसा विश्वास नहीं करते तो उन्हें वह परिवर्तन नहीं करना चाहिए जो वे प्रौद्योगिकी के साथ कर रहे हैं।

उनके 'अंतर्वक्रीय बिंदु' निम्नलिखित थे—

1. "क्या आप विश्वास करते हैं कि काम करनेवाले लोग भविष्य में अपने अधिकांश कार्यों के लिए कंप्यूटरों का इस्तेमाल करेंगे?" उन्होंने पूछा।

   आज बहुत से लोग कभी-कभी कंप्यूटरों का इस्तेमाल करते हैं, किंतु अनेक ज्ञान-आधारित कर्मचारी अपने पर्सनल कंप्यूटरों का इस्तेमाल दिन में कुछ ही बार करते हैं। वे

कभी-कभी तो इसका इस्तेमाल किए बिना कई दिनों तक रह सकते हैं।

2. ''क्या आप विश्वास करते हैं कि आज की कागजी कारवाई को अधिक बेहतर डिजिटल प्रशासनिक प्रक्रियाओं से बदल दिया जाएगा?'' उन्होंने पूछा।

   उनकी चिंता मात्र यही थी कि कागज से डिजिटल संसार में किस प्रकार रूपांतरण किया जाए।

3. ''क्या आप विश्वास करते हैं कि एक दिन सभी घरों में कंप्यूटर होगा?''

   यू.एस.ए. में आज लगभग आधे घरों में पर्सनल कंप्यूटर है। इसका प्रतिशत कुछ अन्य देशों में थोड़ा अधिक है, किंतु अधिकांश देशों में काफी कम है।

4. ''क्या आप विश्वास करते हैं कि एक दिन टेलीफोन या टी. वी. की तरह कंप्यूटर्स भी सभी घरों में उपलब्ध होंगे?'' बिल गेट्स ने पूछा।

5. ''क्या आप विश्वास करते हैं कि एक दिन अधिकांश व्यवसायों और अधिकतम घरों में उच्च गतिवाले वर्ल्ड वाइड वेब के संयोजन होंगे?'' उन्होंने पूछा।

   सहमति में उन्होंने सिर हिलाया।

6. ''क्या आप मानते हैं कि आज के टेलीफोन या कागजी पत्रों की तरह एक दिन लोगों के बीच इ-मेल सभी व्यवसायों और घरों में संदेश-प्रेषण का एक सामान्य तरीका होगा? इस समय कंप्यूटर उपलब्ध होने के बावजूद सभी लोग इ-मेल का इस्तेमाल नहीं करते हैं। क्या यह स्थिति बदलेगी?''

   वे सहमत हुए कि ऐसा होगा। अधिकतर लोग जिनके पास कंप्यूटर हैं, इसका उपयोग प्रतिदिन करते हैं।

7. "क्या आप विश्वास करते हैं कि अधिकांश सूचनाएँ अब डिजिटल रूप में आनी शुरू हो जाएँगी?"
8. "क्या आप मानते हैं कि उपभोक्ता का बिल इलेक्ट्रॉनिक माध्यम से आने लगेगा?"
9. "क्या आप सोचते हैं कि आप अपनी यात्रा संबंधी बुकिंग इंटरनेट के माध्यम से करेंगे?"

   उन्होंने सहमति व्यक्त की कि ये परिवर्तन आने ही वाले हैं।
10. "क्या आप सोचते हैं कि डिजिटल उपकरण आम हो जाएँगे?"
11. "क्या आप विश्वास करते हैं कि फोटोग्राफी, वीडियो, टी.वी. और फोन के लिए डिजिटल उपकरण सर्वव्यापी हो जाएँगे?"
12. "क्या आप आशा करते हैं कि अन्य नए डिजिटल उपकरण घरों के चारों ओर प्रफलित होंगे और वेब से जुड़े रहेंगे?"

   "यह केवल समय की बात है।" वे सहमत हुए।
13. उन्होंने पूछा कि "क्या आप एक ऐसे समय का पूर्वानुमान करते हैं, जब आज के कागजी नोटबुक की जगह कंप्यूटर नोटबुक आ जाएँगे, जो एक ऐसा उपकरण होगा जिससे आप उसी प्रकार नोट ले सकेंगे जैसे आज नोट पैड पर लेते हैं और इस प्रकार आप अपने उन व्यक्तिगत व व्यावसायिक डेटा को अपने साथ रख सकेंगे जिनकी आपको आवश्यकता है? यह संभवतः अंतिम रूपांतर होगा।" "कंप्यूटर नोट बुक के बारे में सबसे अच्छी बात यह है," उन्होंने जोड़ा "कि आप इसमें चाहे जितना भी भरते जाएँ, यह बड़ा या भारी नहीं होता।"

जब बिल ने अपनी सूची पूरी कर ली तो जर्मन लोग प्रतिक्रियास्वरूप हँसने लगे। इसके बाद तीस सेकंड तक जर्मन भाषा में बातचीत हुई और तब उनमें से एक ने कहा, "हमने सोचा, आपने कुछ विचित्र बात की,

किंतु तब हमने महसूस किया कि आपने कुछ बड़ी गहन बातें कही हैं।''

बिल गेट्स अपने विचारों के साथ दृढ़तापूर्वक खड़े रहे। ''क्या आप विश्वास करते हैं कि ये परिवर्तन कभी होंगे?'' उन्होंने पूछा। बैंक निदेशकों ने आपस में फिर थोड़ी देर बातचीत की और तब जिस बैंकर ने पहले बात की थी उसी ने कहा, ''हम लोगों ने एक प्रबंध-परामर्शदाता को रखा है और हम ऐसे विचार-विमर्श पहले से स्वदेश में करते आ रहे हैं, क्योंकि हम यह विश्वास करते हैं कि ये परिवर्तन होने वाले हैं, और जब ये हो जायेंगे तो बैंकिंग की प्रकृति पूरी तरह परिवर्तित हो जाएगी।''

बिल गेट्स ने पूछा, ''आप कब सोचते हैं कि यह होने वाला है?'' इस प्रश्न की प्रतिक्रियास्वरूप बैंक निदेशकों के बीच लंबी बातचीत हुई और उसके बाद वापस आकर उन्होंने कहा, ''हमने इसका निर्णय यहाँ करने की आशा नहीं की थी, किंतु अब हमने कर लिया है। पहले हम आपको बीस वर्ष बताने वाले थे, किंतु बाद में हमने यह निर्णय किया कि दस वर्षों के भीतर ये परिवर्तन या तो हो जाएँगे अथवा बहुत समीप पहुँच चुके होंगे। बैंकिंग पूरी तरह से भिन्न हो जाएगी।

हमने इसका निर्णय यहाँ करने की आशा नहीं की थी, किंतु अब हमने कर लिया है। पहले हम आपको बीस वर्ष बताने वाले थे, किंतु बाद में हमने यह निर्णय किया कि दस वर्षों के भीतर ये परिवर्तन या तो हो जाएँगे अथवा बहुत समीप पहुँच चुके होंगे। बैंकिंग पूरी तरह से भिन्न हो जाएगी।

इससे बिल को बहुत प्रसन्नता हुई और उन्होंने यह समझाया कि किस प्रकार वे डिजिटल सूचना प्रवाह को अपने संगठन में व्यापक रूप दे सकते हैं। उन्होंने विद्यमान डिजिटल उपकरणों का लाभ लेने की आवश्यकता पर बल दिया और समझाया कि ज्ञान आधारित कर्मियों के

लिए एक ऐसी डिजाइन तैयार की जानी चाहिए जिससे उनकी ज्ञान-प्रणाली को व्यापार संचालन प्रणाली से जोड़ा जा सके और अंततः पर्सनल कंप्यूटरों एवं इंटरनेट प्रौद्योगिकी के इर्द-गिर्द एक नई आधारभूत संरचना विकसित की जा सके। उन्होंने महसूस किया कि यह उन्हें तीन मूल व्यावसायिक परिवर्तनों के लिए तैयार कर देगा—

(अ) व्यापारिक संस्थानों और उपभोक्ताओं, एक व्यापारिक संस्थान और दूसरे व्यापारिक संगठन, उपभोक्ता और सरकार के बीच अधिकांश कार्य-संपादन स्वयं सेवी डिजिटल संव्यवहार (सेल्फ-सर्विस्ड डिजिटल ट्रांजेक्शन) हो जाएगा। बीच के लोग या तो उपयोगिता विकसित करेंगे अथवा ध्वस्त हो जाएँगे।

(ब) प्रत्येक व्यवसाय में ग्राहक सेवा प्रमुख रूप से उपयोगिता परिवर्धित कार्य बन जाएगा। मानवीय अंतर्ग्रस्तता अल्प महत्त्वपूर्ण दैनिक कार्यों से हटकर ग्राहक के लिए महत्त्वपूर्ण विषयों—समस्याओं या आकांक्षाओं पर अधिक उपयोगितायुक्त व्यक्तिगत परामर्श सेवा में बदल जाएगी।

(स) यदि डिजिटल प्रक्रियाओं को अपने कार्यों में दक्षता लाने के उद्देश्य से कंपनियाँ पहले ही नहीं अपना चुकी हैं तो संव्यवहार की गति और ग्राहकों पर अधिक व्यक्तिगत ध्यान की आवश्यकता उन्हें अपने आंतरिक कार्य-कलापों के लिए इस पद्धति को अपनाने को प्रेरित करेगी। कंपनियाँ ग्राहकों की आवश्यकताओं और प्रतिस्पर्धा के कारण निरंतर परिवर्तित हो रहे वातावरण से सामंजस्य स्थापित करने के लिए भी अपनी आंतरिक व्यापार प्रक्रियाओं को डिजिटल नाड़ी पद्धति पर ले आना चाहेंगी। जटिल ग्राहक सेवा और व्यावसायिक समस्याओं से निबटने के लिए ग्राहकों व कर्मचारियों दोनों को

शक्तिशाली कंप्यूटरों की आवश्यकता होगी। नए संबंधों को विभिन्न इलेक्ट्रॉनिक संसाधनों जैसे स्वर, वीडियो, कंप्यूटर स्क्रीन का परस्पर प्रभावशाली उपयोग आदि से अधिक श्रेष्ठतर बनाया जाएगा। इस प्रकार अन्वेषणोपरांत एक ऐसा संसार प्रकट होगा, जिसमें अविश्वसनीय रूप से शक्तिशाली पर्सनल कंप्यूटरों के साथ इस्तेमाल किए जानेवाले बहुत साधारण उपकरणों का प्रफलन होगा, जो घर और कार्यालय दोनों ही जगहों पर ज्ञान संबंधी कार्यों में सहयोग करेंगे।

बिल गेट्स के अनुसार इन परिवर्तनों के आने से जीवन में काफी उत्तेजना आएगी और ऐसी संभावना है कि इनमें से अधिकांश परिवर्तन एक दशक के अंदर ही आ जाएँगे। आज हम जिस संसार में रहते हैं वह मूल रूप से परिवर्तित होकर बिल्कुल भिन्न रूप ग्रहण कर लेगा।

बिल गेट्स के अनुसार इन परिवर्तनों के आने से जीवन में काफी उत्तेजना आएगी और ऐसी संभावना है कि इनमें से अधिकांश परिवर्तन एक दशक के अंदर ही आ जाएँगे। आज हम जिस संसार में रहते हैं वह मूल रूप से परिवर्तित होकर बिल्कुल भिन्न रूप ग्रहण कर लेगा। अंत में उन्होंने कहा कि ''माइक्रोसॉफ्ट का यह स्वप्न है कि ऐसे सॉफ्टवेयर प्रस्तुत किए जाएँ, जो इन सभी डिजिटल उपकरणों को जोड़ सकें और लोगों को वेब जीवन-शैली पर आधारित डिजिटल समाधान निर्मित करने की क्षमता प्राप्त हो सके।''

अब जर्मन बैंक के निदेशक मंडल के पास बिल गेट्स के लिए अंतिम प्रश्न था, एक ऐसा प्रश्न जो ऐसी स्थिति में किसी के भी मन में आ सकता है, वह है—अब उन्हें व्यक्तिगत रूप से इस नए डिजिटल संसार के उपयुक्त बनने के लिए क्या करना चाहिए? समाधान प्राप्त

करने के लिए बिल गेट्स ने प्रेरित किया—उपलब्ध उपकरणों का इस्तेमाल कीजिए। वरिष्ठ प्रबंधकों को इ-मेल का इस्तेमाल करने और अन्य इलेक्ट्रॉनिक उपकरणों से सुपरिचित होकर कार्यों को नए ढंग से करने के लिए उत्साहित कीजिए। उन्हें यह भी जानना चाहिए कि उनके प्रतिद्वंद्वियों की इंटरनेट साइट कैसी दिखती है। अंत में इंटरनेट पर यात्राओं की बुकिंग और खरीदारी करके उसके उपयोगकर्ता एवं उपभोक्ता दोनों ही बनने का प्रयास करें।''

11. व्यापार को स्वरूप देने के लिए अंकों का ज्ञान

यह व्यवसाय का सूत्र वाक्य है और बिल गेट्स इसे समझते हैं। वे महसूस करते हैं कि आपको अपने व्यवसाय से संबंधित आँकड़ों को प्रत्येक चरण पर एकत्रित करना चाहिए। यह उस समय भी किया जाना चाहिए जब आप अपने ग्राहकों और सहभागियों के साथ परस्पर क्रिया कर रहे हों।

'अपने अंकों को जानिए'—यह व्यवसाय का सूत्र वाक्य है और बिल गेट्स इसे समझते हैं। वे महसूस करते हैं कि आपको अपने व्यवसाय से संबंधित आँकड़ों को प्रत्येक चरण पर एकत्रित करना चाहिए। यह उस समय भी किया जाना चाहिए जब आप अपने ग्राहकों और सहभागियों के साथ परस्पर क्रिया कर रहे हों। उसके बाद आपको यह समझना चाहिए कि इन आँकड़ों का क्या अर्थ है। यह उचित नहीं है कि आप केवल अपनी मूल चिंताओं से ही प्रेरित हों। आपको इसके साथ-साथ अपने व्यापार के प्रत्येक पहलू को यथार्थनिष्ठ तरीके से समझना चाहिए। उदाहरण के लिए, यदि आप दीर्घकालिक व्यापारिक लाभ के लिए अल्पकालिक लाभ छोड़ रहे हैं तो आपको जितना संभव हो उतने सूक्ष्म तरीके से इस सौदे के न करने से

होने वाली हानि की राशि को जानना चाहिए। कंपनियाँ जिन आँकड़ों को एकत्रित करती हैं उन्हें अपनी मूल व्यापारिक दक्षता में सुधार करने, ग्राहकों और सहभागियों से अपने संबंधों को सुधारने, अपने व्यापार का विस्तार नए क्षेत्रों में करने और बेहतर उत्पादों एवं सेवाओं को विकसित करने में कर सकती हैं।

बिल गेट्स के प्रिय उदाहरणों में एक 'जिफी ल्यूब उदाहरण' है, जो ग्राहकों से संबंधित आँकड़ों के द्विआयामी इस्तेमाल को स्पष्ट करता है। संख्याओं को उन आँकड़ों को निर्मित करने के लिए एकत्र किया जाता है, जो उन प्रवृत्तियों और प्रतिरूपों को इंगित करते हैं जिन्हें आधार बनाकर विश्लेषण किए जाते हैं और योजनाएँ बनाई जाती हैं और निर्णय लिये जाते हैं। दूसरे, प्रत्येक ग्राहक के बारे में विस्तृत सूचनाएँ एकत्र की जाती हैं, ताकि आप उन्हें उनके अनुरूप व्यक्तिगत सेवा दे सकें। प्रारंभ से अंत तक डिजिटल सूचनाओं का प्रवाह बनाकर व्यावसायिक प्रतिष्ठान ज्ञान प्रबंधन, वाणिज्य और व्यापारिक परिचालन को आपस में दृढ़ता से जोड़ लेते हैं।

बिल गेट्स के प्रिय उदाहरणों में एक 'जिफी ल्यूब उदाहरण' है, जो ग्राहकों से संबंधित आँकड़ों के द्विआयामी इस्तेमाल को स्पष्ट करता है। संख्याओं को उन आँकड़ों को निर्मित करने के लिए एकत्र किया जाता है, जो उन प्रवृत्तियों और प्रतिरूपों को इंगित करते हैं जिन्हें आधार बनाकर विश्लेषण किए जाते हैं और योजनाएँ बनाई जाती हैं और निर्णय लिये जाते हैं।

किसी भी प्रकार के आँकड़ों का प्रभावी इस्तेमाल करने के लिए आपको उन आँकड़ों को प्रारंभ में डिजिटल रूप में संचित करना चाहिए और उनका अपनी व्यापारिक प्रक्रियाओं के प्रत्येक चरण में विश्लेषण करना चाहिए। प्रत्येक चरण से तात्पर्य सिर्फ यही नहीं है कि आपके

व्यावसायिक प्रतिष्ठान की दीवारों के भीतर क्या हो रहा है, बल्कि इसमें यह भी शामिल है कि आपके ग्राहकों और आपूर्तिकर्ताओं के साथ भी क्या हो रहा है। इस प्रकार आँकड़ों का ज्ञान रखने से आपको अपने व्यापारिक संबंधों को रूपांतरित करने में सहायता मिल सकती है और यह आपको उल्लेखनीय प्रतिस्पर्धात्मक लाभ दे सकता है।

12. वेब जीवन-शैली अपनाना

कल्पना कीजिए कि कोई आपसे पूछ रहा है कि ''आप अपने मित्रों से बात करने के लिए फोन का इस्तेमाल क्यों करते हैं?'' अथवा ''मनोरंजन के लिए या समाचार देखने के लिए आप क्यों टेलीविजन का उपयोग करते हैं?'' आपकी प्रतिक्रिया क्या होती है? यदि आप अपने मित्रों से पूछें कि क्या वे 'बिजली' का इस्तेमाल करते हैं तो क्या वे यह नहीं सोचेंगे कि आप पागल हो गए हैं? हम अकसर ऐसे उपकरणों को बिना तर्क किए ही ग्रहण कर लेते हैं; हम इन्हें सिर्फ इस्तेमाल करते हैं। लेकिन अभी कुछ ही दशकों पूर्व केवल कुछ संपन्न परिवारों में ही टी.वी. था। हम लोगों के दादा-दादी उन दिनों को याद करते हैं जब ग्रामीण भारत के एक बहुत बड़े भाग में लोग बिना बिजली के रहते थे। तार (टेलीग्राफ), जो आज अत्यंत सामान्य है, अभी केवल सौ साल पहले ही अस्तित्व में लाया गया था। वास्तव में इस सभ्यता को नई आकृति प्रदान करने में 'बिजलीयुक्त जीवन-शैली' को सौ वर्षों से अधिक लग गए हैं।

कल्पना कीजिए कि कोई आपसे पूछ रहा है कि ''आप अपने मित्रों से बात करने के लिए फोन का इस्तेमाल क्यों करते हैं?'' अथवा ''मनोरंजन के लिए या समाचार देखने के लिए आप क्यों टेलीविजन का उपयोग करते हैं?'' आपकी प्रतिक्रिया क्या होती है?

आरंभ में बिजली का उपयोग केवल प्रकाश के लिए ही किया जाता था। किंतु विशेषज्ञों ने जल्दी ही यह अनुमान लगा लिया कि बिजली में प्रत्येक व्यक्ति की जीवन-शैली को नई आकृति प्रदान करने की क्षमता है। बिजली की रोशनी प्राकृतिक गैस, किरोसिन या मोमबत्ती की अपेक्षा सुरक्षित, स्वच्छ और काफी उज्ज्वल है। इसलिए आधारभूत संरचनाओं के स्थापित हो जाने के बाद बिजली का लाभ लेने के लिए नए-नए उत्पादों को विकसित किया गया। आवश्यकतानुसार नई प्रौद्योगिकी का लाभ उठाने के लिए जल्दी ही बिजली का रेफ्रिजरेटर, फोनोग्राफ और एयर कंडिशनर विकसित कर लिये गए। किंतु बिजली के सबसे क्रांतिकारी उपकरण फोन, रेडियो और टेलीविजन का विकास काफी बाद में हुआ। इन नए उपकरणों ने हमारी अर्थव्यवस्था एवं जीवन-शैली को नया स्वरूप प्रदान किया और हमारे जीवन की गुणवत्ता एवं जीवन स्तर को उस स्तर तक बढ़ा दिया जिसकी अभी कुछ ही दशकों पहले कल्पना भी नहीं की जा सकती थी।

आरंभ में बिजली का उपयोग केवल प्रकाश के लिए ही किया जाता था। किंतु विशेषज्ञों ने जल्दी ही यह अनुमान लगा लिया कि बिजली में प्रत्येक व्यक्ति की जीवन-शैली को नई आकृति प्रदान करने की क्षमता है। बिजली की रोशनी प्राकृतिक गैस, किरोसिन या मोमबत्ती की अपेक्षा सुरक्षित, स्वच्छ और काफी उज्ज्वल है।

बिजली से चलनेवाली अगली आश्चर्यजनक खोज इंटरनेट है, जिसे वैश्विक संचार व्यवस्था की आधारभूत संरचना के रूप में विकसित किया गया है। वास्तव में इसे 'बिजलीयुक्त जीवन-शैली' का विस्तार कहा जा सकता है जिससे एक नए तरीके के जीवन का उद्भव हुआ है, जिसे हम 'वेब जीवन-शैली' कहते हैं। बिजलीयुक्त जीवन-शैली की

तरह 'वेब जीवन-शैली' में अनेक उपकरणों का बड़ी तेजी से अन्वेषण हुआ है। चूँकि तीव्र गति से संपर्क साधक संरचना विकसित होकर ज्ञानवान लोगों तक पहुँच चुकी है, इसलिए अब ऐसे नए सॉफ्टवेयरों एवं हार्डवेयरों का निर्माण हो रहा है जो लोगों के जीवन को व्यापक रूप से नए स्वरूप दे रही हैं। कृत्रिम बुद्धियुक्त उपकरण जैसे पर्सनल कंप्यूटर अधिक शक्तिशाली बनते जा रहे हैं और लोगों की आर्थिक सीमा के अंदर आते जा रहे हैं। इसके अलावा चूँकि इन कंप्यूटरों को निर्देश दिया जा सकता है (प्रोग्रामेबल), इसलिए इन्हें विभिन्न प्रकार के कार्यों के लिए उपयोग में लाया जा सकता है। ऐसा अनुमान लगाया गया है कि एक दशक के अंदर ही संपूर्ण विश्व में लोग वेब जीवन-शैली से प्रत्यक्ष या अप्रत्यक्ष रूप से प्रभावित हो जाएँगे। यह एक साधारण बात होगी कि लोग समाचारों के लिए, सीखने, मनोरंजन और संदेश पाने या भेजने के लिए वेब की ओर मुड़ेंगे। वास्तव में यह उतना ही स्वाभाविक और सरल हो जाएगा जितना कि आज आप किसी से बात करने के लिए अथवा किसी सूचीपत्र को देखकर सामान मँगाने के लिए फोन करते हैं। वेब का उपयोग अपने बिल्स का भुगतान करने, अर्थव्यवस्था करने, किन्हीं संकटकालीन स्थितियों में अथवा अन्यथा भी संदेश भेजने या प्राप्त करने एवं व्यापार करने के लिए भी किया जाएगा। इस प्रकार यह सरल और स्वाभाविक बन जाएगा कि लोग एक या अधिक तार-विहीन संपर्क उपकरणों को

यह एक साधारण बात होगी कि लोग समाचारों के लिए, सीखने, मनोरंजन और संदेश पाने या भेजने के लिए वेब की ओर मुड़ेंगे। वास्तव में यह उतना ही स्वाभाविक और सरल हो जाएगा जितना कि आज आप किसी से बात करने के लिए अथवा किसी सूचीपत्र को देखकर सामान मँगाने के लिए फोन करते हैं।

अपने साथ रखकर लगातार एक-दूसरे से जुड़े रहेंगे और संसार के किसी भी क्षेत्र में इलेक्ट्रॉनिक व्यापार कर सकेंगे। बहुत से लोग तो आज भी वेब जीवन-शैली को काफी हद तक अपना चुके हैं। सन् 1998 में 6 करोड़ से अधिक अमेरिकावासी वेब का इस्तेमाल नियमित रूप से कर रहे थे और यह संख्या लगातार तेजी से बढ़ती जा रही है।

यह देखकर प्रेरणा मिलती है कि वेब जीवन-शैली अपनानेवाले लोग इंटरनेट का इस्तेमाल सीखने, संदेश भेजने या पाने और व्यापारिक संव्यवहार के लिए कर रहे हैं। सन् 1997 की गरमियों में जब 'सोजोर्नर' (Sojourner) मंगल की धरती पर उतरा तो नासा की वेबसाइट ने चार करोड़ सत्तर लाख ऐसे लोगों को अपनी ओर आकर्षित किया, जो पारंपरिक सूचना संसाधनों द्वारा उपलब्ध कराए गए समाचारों से अधिक विस्तृत विवरण चाहते थे। क्लिंटन से संबंधित स्टार रिपोर्ट के बारे में आप जो कुछ भी सोचते हों, किंतु इंटरनेट ही एक ऐसा उपयुक्त माध्यम था जिससे 445 पेज की इस रिपोर्ट को शीघ्रता से प्रसारित किया जा सका। 60 से 90 लाख लोगों ने इस रिपोर्ट के प्रकाशित किए जाने के बाद इसे प्रथम सप्ताहांत के अंदर देखा। व्यापारिक संस्थान आज नेट का उपयोग विभिन्न प्रकार की सूचनाओं और सेवाओं जैसे स्टॉक मूल्य, खेल-कूद संबंधी आँकड़े अथवा नगर मार्गप्रदर्शक आदि प्रस्तुत करने के लिए कर रहे हैं। आज आप नेट पर लगभग सबकुछ, प्रभाववादी पेंटिंग से मेटल कार्टून या

क्लिंटन से संबंधित स्टार रिपोर्ट के बारे में आप जो कुछ भी सोचते हों, किंतु इंटरनेट ही एक ऐसा उपयुक्त माध्यम था जिससे 445 पेज की इस रिपोर्ट को शीघ्रता से प्रसारित किया जा सका। 60 से 90 लाख लोगों ने इस रिपोर्ट के प्रकाशित किए जाने के बाद इसे प्रथम सप्ताहांत के अंदर देखा।

सुपर हीरो स्कूल लंच बॉक्स, जो कि एक संग्रहणीय वस्तु बन गई है, खरीद सकते हैं। सामाजिक कार्यकलापों के लिए भी वेब एक आदर्श माध्यम है। वेब पर ऐसी साइट्स उपलब्ध हैं, जिनसे आप खोए हुए बच्चों को ढूँढ़ सकते हैं, पालतू जानवरों को अपनाने में आपकी मदद कर सकते हैं और उन सभी प्रकार के कार्यों में नेट आपकी मदद कर सकता है जिसकी आप कल्पना कर सकते हैं। नागरिकों को सन्निहित करनेवाले साइटों पर उत्कृष्ट प्रवाह बना रहता है। उदाहरण के लिए, एक ऐसा वेबसाइट है जो यू.एस.ए. में प्रदूषण फैलानेवाले सभी उद्योगों की सूची उपलब्ध कराता है और जो नक्शों सहित कंपनियों के नाम या स्थान द्वारा उन्हें ढूँढ़ने की क्षमता भी प्रदान करता है। वेब पर स्थापित किए जाने के पाँच घंटों के अंदर ही इस साइट ने 30 लाख लोगों को आकर्षित किया और वह भी मुख से आवाज निकालने की गति की तरह—तुरंत।

किंतु यह ध्यान रखने की बात है कि वेब जीवन-शैली में स्थानांतरण जैसा महत्त्वपूर्ण सांस्कृतिक परिवर्तन कुछ हद तक कई पीढ़ियों तक चल सकता है। वे बच्चे, जो इस नई प्रौद्योगिकी के साथ बढ़ रहे हैं और इसे अपने जीवन की पद्धति के रूप में स्वीकार कर रहे हैं, आगे चलकर इसकी संपूर्ण क्षमता को उजागर करेंगे।

किंतु यह ध्यान रखने की बात है कि वेब जीवन-शैली में स्थानांतरण जैसा महत्त्वपूर्ण सांस्कृतिक परिवर्तन कुछ हद तक कई पीढ़ियों तक चल सकता है। वे बच्चे, जो इस नई प्रौद्योगिकी के साथ बढ़ रहे हैं और इसे अपने जीवन की पद्धति के रूप में स्वीकार कर रहे हैं, आगे चलकर इसकी संपूर्ण क्षमता को उजागर करेंगे। यह संयुक्त राज्य अमेरिका के अधिकांश कॉलेजों में अब तक अभिव्यक्त हो चुका है, जहाँ वेब संस्कृति-संपन्न समुदाय पहले से

ही विद्यमान हैं। पर्सनल कंप्यूटरों का इस्तेमाल, तीव्र गतिवाली नेटवर्किंग और ऑनलाइन संचारण काफी फैल चुका है। दरअसल विश्वविद्यालयों ने कागजी फॉर्म लेना बंद कर दिया है और वे छात्रों को वेब पर ही पंजीकृत कर रहे हैं। छात्र अपने पदक्रम को वेब पर देख सकते हैं और यहाँ तक कि अपने गृहकार्य को पूरा करके वेब के माध्यम से प्रस्तुत कर सकते हैं। शिक्षक ऑनलाइन सामूहिक विचार-विमर्श करते हैं। इसके अलावा छात्र अपने मित्रों और परिजनों से संपर्क करने के लिए इ-मेल के इस्तेमाल में उतनी ही सरलता का अनुभव करते हैं जितना फोन का उपयोग करने में। इस प्रकार छात्र अंततोगत्वा ज्ञानकर्मी प्रमाणित होते हैं और उनका 'काम' सीखना, ढूँढ़ना व वेब के अब तक के अज्ञात क्षेत्रों का पता लगाना है। शैक्षिक कार्यक्रमों की विशिष्टताएँ उतने महत्त्व की नहीं हैं जितनी कि इंटरनेट में निपुणता प्राप्त करने के लिए चिंतन और विश्लेषण करना है, जो उन्हें जीवन भर सीखने में सहायता करता रहेगा। छात्र जिस प्रकार आज अपने जीवन को संगठित और संचालित करने में इंटरनेट का उपयोग करते हैं, उससे व्यावसायिक संस्थान सीख सकते हैं। उनका तरीका सामान्य जनसमुदाय के लिए अपने दैनिक जीवन में इंटरनेट से लाभ प्राप्त करने में एक मार्गदर्शक की भूमिका निभा सकता है।

शिक्षक ऑनलाइन सामूहिक विचार-विमर्श करते हैं। इसके अलावा छात्र अपने मित्रों और परिजनों से संपर्क करने के लिए इ-मेल के इस्तेमाल में उतनी ही सरलता का अनुभव करते हैं जितना फोन का उपयोग करने में। इस प्रकार छात्र अंततोगत्वा ज्ञानकर्मी प्रमाणित होते हैं और उनका 'काम' सीखना, ढूँढ़ना व वेब के अब तक के अज्ञात क्षेत्रों का पता लगाना है।

आज बिजली, कार, टी.वी. और रेडियो को अंगीकार करने की

अपेक्षा वेब जीवन-शैली के लिए प्रौद्योगिकी को अपेक्षाकृत तेजी से अपनाया जा रहा है। बीसवीं शताब्दी को एक स्वरूप प्रदान करनेवाली प्रौद्योगिकियों की तुलना में पर्सनल कंप्यूटरों और इंटरनेट को अपेक्षाकृत आज तेजी से अपनाया जा रहा है। आज विकसित देशों में जिस प्रकार लोग बिजली और मोटर गाड़ियों के द्वारा उत्पन्न की गई जीवन-शैली को स्वाभाविक रूप से मान ले रहे हैं, वे जल्दी ही उसी प्रकार एक नई जीवन-शैली—डिजिटल प्रौद्योगिकी पर आधारित वेब जीवन-शैली को स्वीकार करने लगेंगे। पर्सनल कंप्यूटरों का कार्यस्थलों पर एवं मित्रों तथा रिश्तेदारों के द्वारा इसके इस्तेमाल किए जाने से इसका प्रचार-प्रसार तेजी से बढ़ रहा है। अनेक लोग जो कार्यालयों में पी.सी. का इस्तेमाल करते हैं, वे उसे अपने घरों में भी लगवाकर व्यावसायिक उपयोग करने के साथ-साथ अन्य कार्यों में भी कहीं अधिक इस्तेमाल कर रहे हैं। यहाँ तक कि वरिष्ठ नागरिक भी, जो सामान्यत: नई प्रौद्योगिकी को अपनी जीवन-शैली से नहीं जोड़ते हैं, आज अपने मित्रों और परिजनों के संपर्क में बने रहने के लिए इंटरनेट का उपयोग करने के लिए प्रेरित हो रहे हैं। इंटरनेट के विभिन्न नए महत्त्वपूर्ण उपयोग, जिनका पूर्वानुमान हममें से कोई भी आज नहीं कर सकता, इक्कीसवीं शताब्दी

आज विकसित देशों में जिस प्रकार लोग बिजली और मोटर गाड़ियों के द्वारा उत्पन्न की गई जीवन-शैली को स्वाभाविक रूप से मान ले रहे हैं, वे जल्दी ही उसी प्रकार एक नई जीवन-शैली—डिजिटल प्रौद्योगिकी पर आधारित वेब जीवन-शैली को स्वीकार करने लगेंगे। पर्सनल कंप्यूटरों का कार्यस्थलों पर एवं मित्रों तथा रिश्तेदारों के द्वारा इसके इस्तेमाल किए जाने से इसका प्रचार-प्रसार तेजी से बढ़ रहा है।

में संसार को मौलिक रूप से उसी प्रकार नया स्वरूप प्रदान करेंगे जिस प्रकार बीसवीं शताब्दी में बिजली ने किया था।

चूँकि उपभोक्ता तेजी से 'ऑनलाइन' कार्य-प्रणाली की ओर बढ़ रहे हैं, इसलिए अत्यधिक परिवर्तनों में एक यह होगा कि बड़ी सीमा तक अपनी अर्थ-व्यवस्था को (जिसमें बैंकिंग, गिरवी रखना, विभिन्न सेवाएँ एवं क्रेडिट कार्ड आदि शामिल हैं) वे 'ऑनलाइन' संचालित करेंगे। सन् 1998 में संयुक्त राज्य अमेरिका के कुल 15 अरब बिलों में से मात्र 10 लाख बिलों का ही भुगतान इलेक्ट्रॉनिक माध्यम से किया गया। उन दिनों बहुत कम ऑनलाइन ग्राहक सेवा उपलब्ध थी। वास्तव में यद्यपि ग्राहक अपने कुछ बिलों का भुगतान ऑनलाइन कर सकते थे, किंतु लगभग प्रत्येक मामले में वे कागज पर रसीद पाना अधिक पसंद करते थे। किंतु अब स्थिति में मूलभूत परिवर्तन आ चुका है। अधिक-से-अधिक लोग अब कष्ट-मुक्त ऑनलाइन सेवा अपना रहे हैं। परिणामस्वरूप, कागजी कारवाइयों की लागत हर साल कम होती जा रही है। जल्दी ही एक दिन ऐसा आएगा जब इलेक्ट्रॉनिक माध्यम से बिलों का भुगतान एक साधारण प्रक्रिया बन जाएगी और वित्तीय संस्थानों द्वारा एक विशिष्ट साइट कायम कर दी जाएगी, जिस पर जाकर ग्राहक अपने मासिक बिलों का भुगतान

चूँकि उपभोक्ता तेजी से 'ऑनलाइन' कार्य-प्रणाली की ओर बढ़ रहे हैं, इसलिए अत्यधिक परिवर्तनों में एक यह होगा कि बड़ी सीमा तक अपनी अर्थ-व्यवस्था को (जिसमें बैंकिंग, गिरवी रखना, विभिन्न सेवाएँ एवं क्रेडिट कार्ड आदि शामिल हैं) वे 'ऑनलाइन' संचालित करेंगे। सन् 1998 में संयुक्त राज्य अमेरिका के कुल 15 अरब बिलों में से मात्र 10 लाख बिलों का ही भुगतान इलेक्ट्रॉनिक माध्यम से किया गया।

आसानी से कर सकेंगे। बैंक संबंधी वेब पेज में जाकर आप अपने क्रेडिट कार्ड कंपनी या डिपार्टमेंटल स्टोर अथवा यूटिलिटी सर्विस के आइकॉन पर क्लिक करके सीधे उस कंपनी के अपने खाते से संबंधित सभी सूचनाएँ प्राप्त कर सकते हैं। इससे ग्राहक को आज कागज पर उपलब्ध अपने बिलों से संबंधित सूचनाओं से कहीं अधिक सूचनाएँ प्राप्त हो सकेंगी। वास्तव में एक ग्राहक अपनी इच्छानुसार अपने खाते के अंतरंग भागों में जाकर भुगतान संबंधी पिछली जानकारी प्राप्त कर सकता है। इसके अलावा किसी बिल के बारे में प्रश्न पूछने के लिए अलग से एक पत्र लिखने के बजाय इ-मेल बटन पर क्लिक करके सूचनाएँ प्राप्त की जा सकती हैं। व्यापारी वर्ग के लोग 'ऑनलाइन बिल रिव्यू पेज' का इस्तेमाल करके अपने अतिरिक्त उत्पादों एवं सेवाओं की बिक्री में अभिवृद्धि कर सकते हैं।

आज के इस कागज युग में हमें यह गणना करनी पड़ती है कि किन बिलों का भुगतान करना है और कुल मिलाकर कितना भुगतान करना है। भविष्य में बिल भुगतान पद्धति वित्तीय प्रबंधन सॉफ्टवेयर से जुड़ जाएगी और सभी गणनाएँ ऑनलाइन कर ली जाएँगी, जिसमें सभी बिल और बैंक में बची राशि की गणना भी शामिल होगी।

अंत में, आज के इस कागज युग में हमें यह गणना करनी पड़ती है कि किन बिलों का भुगतान करना है और कुल मिलाकर कितना भुगतान करना है। भविष्य में बिल भुगतान पद्धति वित्तीय प्रबंधन सॉफ्टवेयर से जुड़ जाएगी और सभी गणनाएँ ऑनलाइन कर ली जाएँगी, जिसमें सभी बिल और बैंक में बची राशि की गणना भी शामिल होगी। ये उपकरण दैनिक जीवन के ऐसे अनिवार्य अंग बन जाएँगे कि जब आप शाम को कार्यालय से निकलने लगेंगे तो आपका पर्सनल डिजिटल सहयोगी आपका इ-मेल एकाउंट डाउनलोड

कर लेगा, जिसमें आपकी पत्नी द्वारा भेजी गई किराने के सामानों की एक सूची भी शामिल हो सकती है।

13. प्राथमिकता के आधार पर त्रुटियों का निस्तारण

बुरी खबरों की यह सहज प्रवृत्ति होती है कि वे इतनी तीव्र गति से फैलती हैं कि अच्छी खबरें पीछे छूट जाती हैं। किसी अत्यंत संगठित, सफल और व्यावसायिक प्रतिष्ठान में भी असफलता के अवसर उत्पन्न हो सकते हैं। इसके उत्पादों का महत्त्व और उनकी गुणवत्ता ग्राहकों की दृष्टि में मंद पड़ सकती है, इसके ग्राहक अपने संतोष के लिए किसी अन्य कंपनी में जा सकते हैं, यदि उस कंपनी ने किसी ऐसे नए उत्पाद को प्रस्तुत किया है, जो समाज के एक बड़े हिस्से को आकर्षित करता है। इसके अलावा बाजार से अपने हिस्से को खोना एक ऐसी बुरी खबर हो सकती है जिसका संबंध प्रत्येक संस्थान से हो सकता है। दूसरी बुरी खबर इस बात से संबंधित हो सकती है कि संस्थान के अंदर क्या हो रहा है। एक उत्पाद अपेक्षाकृत अधिक समय ले सकता है अथवा उसके परिणाम विपरीत हो सकते हैं।

> ***बुरी खबरों की यह सहज प्रवृत्ति होती है कि वे इतनी तीव्र गति से फैलती हैं कि अच्छी खबरें पीछे छूट जाती हैं। किसी अत्यंत संगठित, सफल और व्यावसायिक प्रतिष्ठान में भी असफलता के अवसर उत्पन्न हो सकते हैं।***

इन परिस्थितियों में एक अच्छे प्रबंधक का अनिवार्य गुण यह है कि वह इस बुरी खबर को अनुकूल बनाने के लिए कृतसंकल्प हो; इसे इनकार करने के बजाय वह उसके कारणों का पता लगाए। वास्तव में बुरी खबर की अनदेखी करना उसे अस्वीकार करना है। एक व्यापारिक कंपनी में बाजार की बदलती परिस्थितियों से समायोजन करने की क्षमता

होनी चाहिए। बुरी खबर के प्रति मात्र ग्रहणशील होने से कोई फायदा नहीं होता, यदि आप अपनी कंपनी में उसके कारणों का विश्लेषण नहीं करते और उसे दूर करने के लिए शीघ्र ही कोई ठोस कदम नहीं उठाते। एक प्रभावशाली प्रबंधक जो कुछ अच्छा हो रहा है, उसे सुनने के पूर्व जो गलत हो रहा है, उसे जानना चाहता है। यदि समय रहते प्रबंधक तक निराशापूर्ण सूचना नहीं पहुँचती तो वह उचित कारवाई नहीं कर सकता। समस्या से जैसे ही एक अच्छा प्रबंधक अवगत होता है, वह अपने पास उपलब्ध सभी संसाधनों को अनुकूल प्रभाव प्राप्त करने के लिए तुरंत लगा देता है। वस्तुतः एक कंपनी का मूल्यांकन इस बात से किया जा सकता है कि वह कितनी जल्दी अपनी सभी उपलब्ध बौद्धिक क्षमताओं को इस संकट से उबरने में लगा देती है। किसी कंपनी के डिजिटल नाड़ी संस्थान की बेहतरी इस बात पर निर्भर है कि कितनी शीघ्रता से कंपनी के लोग बुरी खबर अथवा त्रुटियों के बारे में जान लेते हैं और उन्हें दूर करने के लिए सक्रिय हो उठते हैं।

डिजिटल प्रौद्योगिकी आज किसी आपातकालिक स्थिति में व्यावसायिक संस्थानों की प्रतिवर्ती क्रियाओं को शीघ्र उत्पन्न करने में सहायता करती है। पुराने जमाने में बुरी खबरों पर किसी प्रतिष्ठान की प्रतिक्रियाएँ अनिवार्यतः धीमी ही हुआ करती थीं।

डिजिटल प्रौद्योगिकी आज किसी आपातकालिक स्थिति में व्यावसायिक संस्थानों की प्रतिवर्ती क्रियाओं को शीघ्र उत्पन्न करने में सहायता करती है। पुराने जमाने में बुरी खबरों पर किसी प्रतिष्ठान की प्रतिक्रियाएँ अनिवार्यतः धीमी ही हुआ करती थीं। व्यवसाय प्रमुखों को अकसर समस्याओं का ज्ञान उस समय हो पाता था जब स्थिति गंभीर हो चुकी होती थी, क्योंकि उन्हें शीघ्र सूचित करने का एकमात्र तरीका

फोन करके उनके कार्यों का सिलसिला बिगाड़ना था। किसी समस्या पर काररवाई करने से पहले लोगों को अपनी फाइलों से सूचनाएँ एकत्र करनी पड़ती थीं अथवा कार्यालय में किसी ऐसे व्यक्ति को ढूँढ़ना पड़ता था, जिसे उस स्थिति के बारे में कुछ मालूम हो। एक बार सूचना मिल जाने के बाद, जो कि देरी से और अपूर्ण हो सकती थी, लोग फोन पर बातचीत करते थे या आँकड़े एक-दूसरे को फैक्स कर दिया करते थे। इस प्रक्रिया का प्रत्येक चरण काफी समय लेने वाला था। घटना की बिखरी हुई सूचनाओं को एकत्र करके एक पूर्ण चित्र प्राप्त करने का कोई तरीका नहीं था। टेलीफोन और फैक्स दोनों के उपयोग के बाद भी विक्रय परिणामों के पूर्व विकृति के विकास की शैली को पहचानना मुश्किल था। ग्राहकों के आँकड़े एक स्थान पर केंद्रित करनेवाले मेनफ्रेम कंप्यूटरों के साथ भी समय पर सूचनाओं को निकालना इतना कठिन था कि संकट के समय ये एकत्रित आँकड़े बहुत कम ही मददगार हो पाते थे। आज सूचना युग के उष: काल में हम सूचनाओं को बड़ी तेजी से भेजते हैं और एक अच्छी तरह डिजाइन किया हुआ डिजिटल नाड़ी संस्थान एक आरंभिक चेतावनी पद्धति के रूप में कार्य करता है। आधुनिक डिजिटल प्रौद्योगिकी यह सुनिश्चित कर सकती है कि आपको समय से सूचनाएँ मिलें, ताकि आप अपने प्रतिष्ठान को शीघ्रातिशीघ्र सक्रिय कर सकें।

□

10
बिल गेट्स और भारत

सन् 2002 के नवंबर माह के आरंभ में जब रिचर्ड एम. स्टॉलमैन (फ्री सॉफ्टवेयर फाउंडेशन एवं जी.एन.यू./लीनेक्स के जनक) और बिल गेट्स का भारत दौरा एक साथ हुआ तो पटाखों का छोड़ा जाना स्वाभाविक था। यद्यपि बिल गेट्स द्वारा भारत को अनुदान-स्वरूप दी जानेवाली राशि ही बड़ी खबर थी, किंतु फिर भी 'फ्री सॉफ्टवेयर फाउंडेशन' और 'ओपेन सोर्स सॉफ्टवेयर' संसार के आदर्शों का प्रभाव पड़ा।

अपनी यात्रा के दौरान स्टॉलमैन ने अपनी एक हलकी रूपरेखा ही बनाए रखी और अधिकांशतः स्वेच्छा से दिए गए सहयोग से ही उन्होंने भारत यात्रा पूरी की। किंतु बिल गेट्स एड्स उन्मूलन कार्यक्रमों के लिए लाखों डॉलर के अपने अनुदान के कारण सुर्खियों में बने रहे। संसार के इस सबसे धनी व्यक्ति के क्रियाकलापों एवं कथनों से संबंधित समस्त समाचारों को प्राप्त करने के लिए देश के विभिन्न भागों से प्रमुख पत्रकार एकत्र होकर एक-दूसरे पर गिरते रहे। किंतु इस दृश्य के पीछे एक मनोहारी विवाद उत्पन्न हो रहा था। यह मुख्य रूप से इंटरनेट पर मेलिंग लिस्ट के माध्यम से उन लोगों द्वारा उत्पन्न किया गया था, जो बिल गेट्स द्वारा तैयार किए गए सॉफ्टवेयर वाले रास्ते के प्रबल विरोधी थे। स्पष्ट था कि इस वाद-विवाद से भारत के सॉफ्टवेयर उद्योग के भविष्य पर गहन

प्रभाव पड़ना था। वह देश, जो अपने आपको सॉफ्टवेयर महाशक्ति के रूप में उभरता हुआ देख रहा था, अब उसके सामने एक दुविधाजनक प्रश्न खड़ा हो चुका था कि वह कौन सा रास्ता अपनाए। यद्यपि इस यात्रा के दौरान जी.एन.यू./लीनेक्स द्वारा माइक्रोसॉफ्ट को दी गई चुनौती को बिल गेट्स ने अधिक महत्त्व नहीं दिया, फिर भी एक बात तो स्पष्ट प्रतीत हो रही थी कि माइक्रोसॉफ्ट द्वारा शिक्षा और स्थानीयकरण को दी जा रही प्रमुखता का उद्देश्य उन क्षेत्रों का अधिग्रहण करना था, जहाँ जी.एन.यू./लीनेक्स के प्रचारक पहले से कार्यरत थे और उन्होंने अच्छा-खासा अधिकार संचित कर लिया था। यह मानते हुए कि सॉफ्टवेयर उद्योग को भारत में केंद्रित करना महत्त्वपूर्ण था, उन्होंने माइक्रोसॉफ्ट एक्स.पी. एवं ऑफिस 11 (कोड नाम : कैश काउ) को हिंदी, बँगला एवं मलयालम जैसे भारतीय भाषाओं में बाजार में उतारने के योजना की घोषणा की और साथ ही भविष्य में स्थानीयकरण के प्रयासों को बढ़ाते हुए इस योजना के अंतर्गत नौ और भारतीय भाषाओं में इसे प्रस्तुत करने की योजना का विचार व्यक्त किया। नई दिल्ली में रहते हुए माइक्रोसॉफ्ट प्रमुख ने शिक्षा, सॉफ्टवेयर के स्थानीयकरण और विकास के लिए अगले तीन वर्षों में 40 करोड़ डॉलर निवेश करने की एक परियोजना का अनावरण किया। बिल गेट्स ने एक टैबलेट पी.सी. भी बाजार में उतारने की अपनी मंशा की घोषणा की।

> *अपनी यात्रा के दौरान स्टॉलमैन ने अपनी एक हलकी रूपरेखा ही बनाए रखी और अधिकांशतः स्वेच्छा से दिए गए सहयोग से ही उन्होंने भारत यात्रा पूरी की। किंतु बिल गेट्स एड्स उन्मूलन कार्यक्रमों के लिए लाखों डॉलर के अपने अनुदान के कारण सुर्खियों में बने रहे।*

भारत के संदर्भ में माइक्रोसॉफ्ट कॉर्पोरेशन के अध्यक्ष बिल गेट्स

ने आर्थिक अनुदानों की एक लंबी रूपरेखा प्रस्तुत की—

1. उन्होंने भारत के 'शिक्षा एडटेक ट्रेनिंग प्रोग्राम' के लिए 2 करोड़ डॉलर का अनुदान स्वीकृत किया, जिसमें 80,000 शिक्षकों और 35 लाख छात्रों को प्रशिक्षण देने की महत्त्वाकांक्षी योजना थी।
2. उन्होंने एम.आई.टी. के मीडिया लैब एशिया प्रोजेक्ट के लिए 10 लाख डॉलर देने का वादा किया।
3. आंध्र प्रदेश के दक्षिणी क्षेत्रों में बच्चों को हेपेटाइटिस बी. का टीका लगाने के लिए पाँच वर्षों की अवधि के बीच 2.5 करोड़ डॉलर का अनुदान।
4. एड्स के उन्मूलन के लिए उन्होंने 10 करोड़ डॉलर का अनुदान स्वीकृत किया।

जब पत्रकारों ने बिल गेट्स से पूछा कि क्या उनकी लोकोपकारी गतिविधियाँ उनकी कंपनी के कार्यकलापों से जुड़ी हुई हैं, तो उन्होंने इससे इनकार किया और यह स्पष्ट किया कि बिल एंड मेलिंडा गेट्स फाउंडेशन माइक्रोसॉफ्ट से अलग एक पूर्णत: स्वतंत्र संस्था है।

□

11
बिल गेट्स की दृष्टि में भविष्य

बिल गेट्स संसार में सबसे धनी व्यक्ति हैं। किंतु वास्तव में यही वह कारण नहीं है जिस हेतु वे महत्त्वपूर्ण हैं। धनवान् व्यक्तियों की सूची में सबसे ऊपर होने के अलावा वे अभूतपूर्व व्यावसायिक सूझ-बूझ से युक्त एवं ज्ञान-पिपासित एक दूरदृष्टि-संपन्न नायक के रूप में उन्हें जाना और सराहा जाता है। भूतकाल को जैसा उन्होंने देखा है, उसके बारे में पूछे जाने पर बिल गेट्स ने स्वीकार किया कि साधारण समाचार-पत्र अभी अधिक समय तक टिका रहेगा, यद्यपि वे महसूस करते हैं कि अस्तित्व में बने रहने के लिए अंततोगत्वा प्रिंट मीडिया को भी इसे (डिजिटल माध्यम) अपनाना होगा। परंतु सार्वजनिक क्षेत्र के बारे में उनके विचार उत्साहवर्धक नहीं थे। वे महसूस करते हैं कि चूँकि सरकारों को प्रतिस्पर्धा नहीं झेलनी पड़ती है, इसलिए कार्य-कुशलता बढ़ाने के अवसर उपलब्ध होने के बावजूद नई प्रौद्योगिकी को अपनाने में वे सुस्त रहेंगे। बिल गेट्स एक ऐसे भविष्य की प्रतीक्षा करते हैं जब किसी देश की सरकार अपने अभिलेख प्रणाली से कागज़ को पूर्णतः समाप्त कर देगी।

बिल गेट्स यह महसूस करते हैं कि उत्तम स्तर के दृष्टिमूलक चित्रों की निरंतर बढ़ती हुई उपलब्धतता ऑनलाइन प्रचार को और विकसित करेगी एवं इंटरनेट कुछ अत्यंत महत्त्वाकांक्षी और लक्षित रचनात्मक

प्रचारों को एक सर्वोत्तम मंच उपलब्ध कराएगा। उनका विश्वास है कि जैसे-जैसे टेलीविजन के कार्यक्रम ऑनलाइन होते जाएँगे, यह प्रक्रिया तेजी से बढ़ती जाएगी।

गेट्स की भविष्यकालीन दुनिया में कागज एक भूतकालीन वस्तु बनकर रह जाएगा तथा न तो पाठ्य-पुस्तकें होंगी और न ही पत्रिकाएँ अथवा समाचार-पत्र। इसकी जगह पर वे लोगों को एक वस्तु, जिसे 'टैबलेट पी.सी.' कहते हैं, अपने साथ ले चलते हुए कल्पना करते हैं, जो 'क्लिपबोर्ड' जैसा एक पतला उपकरण होगा और व्यक्ति की सभी सूचनाओं एवं मनोरंजन संबंधी आवश्यकताओं को पूरा करेगा। यह एक दशक के अंदर ही लोगों के जीवन में आमूल परिवर्तन कर देगा। उनके भविष्य की दुनिया में घर के अंदर दीवारों पर 'स्क्रीन' टँगे होंगे, जिनमें आवाज पहचानने और आदेश लेने की क्षमता होगी; जबकि सार्वजनिक स्थानों पर लोग कैमरे द्वारा पहचानी जानेवाली अपनी उँगली की छाप के माध्यम से संदेश प्रेषित करेंगे और उन सूचनाओं को उनके घर के कंप्यूटर में संगृहीत किया जा सकेगा।

गेट्स की भविष्यकालीन दुनिया में कागज एक भूतकालीन वस्तु बनकर रह जाएगा तथा न तो पाठ्य-पुस्तकें होंगी और न ही पत्रिकाएँ अथवा समाचार-पत्र। इसकी जगह पर वे लोगों को एक वस्तु, जिसे 'टैबलेट पी.सी.' कहते हैं, अपने साथ ले चलते हुए कल्पना करते हैं, जो 'क्लिपबोर्ड' जैसा एक पतला उपकरण होगा और व्यक्ति की सभी सूचनाओं एवं मनोरंजन संबंधी आवश्यकताओं को पूरा करेगा।

जब उनसे यह पूछा गया कि भविष्य में वे किस प्रकार याद किया जाना पसंद करेंगे, तब उन्होंने यह स्वीकार किया कि भविष्य का यही

वह स्थान है जो उनके नियंत्रण से परे है और सहजतः वे महसूस करते हैं कि इस विषय में उनकी कोई कल्पना नहीं है। इस प्रकार 53 वर्ष की उम्र में भविष्य में उनका स्वप्न उच्च लक्ष्यों को प्राप्त कर संसार को उन्हें वापस समर्पित करना है। लोकोपकारी कार्यों में किए गए उनके प्रयासों की सफलता का निर्णय भविष्य ही करेगा। किंतु परिणाम चाहे जो भी हो, एक बात तो अखंडनीय है कि एक दिव्य चरित्र के रूप में बिल गेट्स का नाम इतिहास में सदैव अंकित रहेगा।

□

12
एक विशेषज्ञ कहते हैं…

बिल गेट्स के अनुसार, कुछ ऐसे गुण हैं, जिन्हें वे समझते हैं कि एक सफल उद्यमकर्ता बनने के लिए ये अनिवार्य हैं। उनके कुछ विश्वास और कुछ मान्यताएँ इतनी लोकप्रिय हो गई हैं कि उन्होंने सूत्रों का रूप धारण कर लिया है।

जब उनसे माइक्रोसॉफ्ट की सफलता का रहस्य पूछा गया तो उन्होंने कहा–

"मैं वास्तव में यह जानता हूँ कि सॉफ्टवेयर किस प्रकार लिखा जाता है, इसलिए मैं समझता हूँ कि मानकों का एक पूरा नया संसार ही विकसित किया जाना है। मेरी टीम के लोग इस तथ्य के बारे में होशियार हैं और मेरा कोई भी प्रतिद्वंद्वी इसे कर पाने में सक्षम नहीं है।"

व्यापार करने के तरीकों के बारे में प्रश्न किए जाने पर विशेषज्ञ ने कहा–

"यदि आप गणित में अच्छे हैं तो आप व्यापार को आसानी से समझ सकते हैं। यह अपने आप में एक जटिल विषय नहीं है।"

बिल गेट्स के लिए एक दूसरा प्रसिद्ध उद्धरण एवं व्यापार-सिद्धांत है–

"यदि आप उन्हें परास्त नहीं कर सकते तो उन्हें खरीद लीजिए।"

जोखिम प्रबंधन के उनके सिद्धांत हैं–

"यदि आप एक कंपनी प्रारंभ करने की योजना बना चुके हैं तो बेहतर होगा कि आप हानि के भय की भावना पर विजय प्राप्त कर लें, क्योंकि कंपनी को आपकी समस्त ऊर्जा की आवश्यकता पड़ेगी।"

"अंततः आप सबकुछ छोड़ दें, लेकिन अभी नहीं और उस समय तक नहीं जब तक कि आपने अपनी सर्वोत्तम कोशिश पूरी नहीं कर ली है।"

"कठिन परिश्रम कीजिए और उसके बाद और अधिक कठिन परिश्रम। छुट्टियाँ लेने को मैं दुर्बलता का एक संकेत मानता हूँ।"

"सफलता एक ऐसा शिक्षक है, जो कुशाग्र बुद्धि संपन्न लोगों को यह सोचने के लिए प्रेरित करता है कि वे पराजित नहीं हो सकते।"

कर्मचारियों के नियुक्त किए जाने के बारे में पूछे जाने पर उन्होंने टिप्पणी की–

"मैं यह स्वीकार करता हूँ कि मेरे सर्वोत्तम व्यापारिक निर्णयों का संबंध सदैव ही कार्य की आवश्यकता के अनुरूप सही व्यक्ति का चुनाव करने से रहा है।

जब उनसे अपने कर्मचारियों को एक संदेश देने के लिए कहा गया तो उन्होंने कहा–

"कठिन परिश्रम कीजिए और उसके बाद और अधिक कठिन परिश्रम। छुट्टियाँ लेने को मैं दुर्बलता का एक संकेत मानता हूँ।"

"सफलता एक ऐसा शिक्षक है, जो कुशाग्र बुद्धि संपन्न लोगों को यह सोचने के लिए प्रेरित करता है कि वे पराजित नहीं हो सकते।"

जब उनसे दूसरों की गलतियों के बारे में पूछा गया तो उन्होंने कहा—

"हमें अधिकांश सफलताएँ तब मिलती हैं जब हमारे प्रतिद्वंद्वी अपने कार्यों को सही तरीके से नहीं करते हैं—और यही मेरे लिए सौभाग्य बन जाता है। किंतु मैं विश्वास करता हूँ कि आपको किसी ऐसी नीति पर कार्य नहीं करना चाहिए, जो दूसरों की गलतियों पर आधारित हो, यद्यपि उन्होंने निश्चित रूप से अनेक त्रुटियाँ की होंगी।"

हमें अधिकांश सफलताएँ तब मिलती हैं जब हमारे प्रतिद्वंद्वी अपने कार्यों को सही तरीके से नहीं करते हैं—और यही मेरे लिए सौभाग्य बन जाता है। किंतु मैं विश्वास करता हूँ कि आपको किसी ऐसी नीति पर कार्य नहीं करना चाहिए, जो दूसरों की गलतियों पर आधारित हो, यद्यपि उन्होंने निश्चित रूप से अनेक त्रुटियाँ की होंगी।

"धन्यवाद की आशा मत कीजिए।"

"ईर्ष्या से आप अशांत न हों।"

"अपने उत्पादों को बाजार में उतारने के लिए प्रचार माध्यमों (मीडिया) का ध्यान आकर्षित करें।"

"मूर्खों की वजह से यातना न झेलें।"

"समृद्ध और जनप्रिय लोगों से जुड़ें।"

"लंबे समय तक वे कंपनियाँ ही सफल बनी रहती हैं, जो अपने ही उत्पादों को दूसरों द्वारा अव्यवहार्य किए जाने के पूर्व स्वयं ही उन्हें अव्यवहार्य कर उनसे श्रेष्ठ उत्पादों को बाजार में उतार देती हैं।"

जब उनकी स्वप्नगत वस्तुओं के बारे में पूछा जाता है तो वे अकसर कहते हैं–

"स्वप्न स्वतंत्र होते हैं और इसलिए इनका किसी भी प्रकार, आकार या रूप में प्रतिस्पर्धात्मक लाभ नहीं होता।"

इंटरनेट के बारे में टिप्पणी करने के लिए कहे जाने पर उन्होंने कहा–

"इंटरनेट किसी भी प्रकार से एक तुच्छ विषय नहीं है। वास्तव में यह एक आकर्षक वस्तु है। यह सॉफ्टवेयर और कंप्यूटरों को अधिक प्रासंगिक बनाता है।"

"उन सभी लोगों की तरह जो इ-मेल का इस्तेमाल करते हैं, मैं भी प्रतिदिन काफी बड़ी मात्रा में 'स्पैम' ('स्पैम' उपशिष्ट भाषा है, जिसे इंटरनेट पर प्राप्त होने वाले अनावश्यक (कचरा) इ-मेल को अभिव्यक्त करने के लिए इस्तेमाल किया जाता है) प्राप्त करता हूँ। इनमें से अधिकांश में कर्ज से मुक्त होने के लिए मुझसे मदद माँगी जाती है अथवा जल्दी से धनी बनने के सूत्र पूछे जाते हैं। यदि वे उतने उत्तेजक नहीं होते तो बड़े ही हास्यास्पद होते।"

उन सभी लोगों की तरह जो इ-मेल का इस्तेमाल करते हैं, मैं भी प्रतिदिन काफी बड़ी मात्रा में 'स्पैम' ('स्पैम' उपशिष्ट भाषा है, जिसे इंटरनेट पर प्राप्त होने वाले अनावश्यक (कचरा) इ-मेल को अभिव्यक्त करने के लिए इस्तेमाल किया जाता है) प्राप्त करता हूँ।

"सूचना प्रौद्योगिकी और व्यापार एक-दूसरे में जटिल रूप से मिश्रित होते जा रहे हैं। मैं नहीं समझता कि कोई भी व्यक्ति किसी एक विषय के बारे में बिना दूसरे का संदर्भ लिये कोई सार्थक बात कर सकता है।"

"मैं समझता हूँ कि यह कहना उचित होगा कि हम लोगों ने जिन उपकरणों की रचना की है, उनमें पर्सनल कंप्यूटर सबसे अधिक सामर्थ्य प्रदान करनेवाला उपकरण है। वे संचार के उपकरण हैं। वे सृजन के उपकरण हैं और उन्हें उपयोगकर्ताओं द्वारा अपनी आवश्यकतानुसार परिवर्तित किया जा सकता है।"

"इंटरनेट क्रेता और विक्रेता के बीच सीधा संपर्क स्थापित करके तथा उन दोनों को एक-दूसरे के बारे में अधिक-से-अधिक जानकारी देकर एक मतभेद-रहित पूँजीवादी व्यवस्था स्थापित करने में सहायक हो सकता है।"

इंटरनेट क्रेता और विक्रेता के बीच सीधा संपर्क स्थापित करके तथा उन दोनों को एक-दूसरे के बारे में अधिक-से-अधिक जानकारी देकर एक मतभेद-रहित पूँजीवादी व्यवस्था स्थापित करने में सहायक हो सकता है।

आत्मसंतुष्टि के बारे में उनके विचार हैं—

"यदि आप चुपचाप बैठ जाएँ तो आपके पास जो कुछ है, उसकी कीमत बहुत जल्दी ही शून्य हो जाती है।"

"आकार उत्कृष्टता के विरुद्ध कार्य करता है। यदि हमारी कंपनी बड़ी भी है, किंतु हम उस प्रकार नहीं सोचते हैं तो हम मृत के समान हैं।"

"उत्पाद सदैव ही अव्यवहार्य होते जाते हैं। इसलिए बेहतर होगा कि आप उसके अगले संस्करण पर कार्य करने में आनंद लें। यह एक खेल के समान है— यदि आप खेल अच्छी तरह खेलते हैं तो पुरस्कारस्वरूप आपको फिर खेलने का अवसर मिलता है।"

निर्णय करने से संबंधित उनके प्रसिद्ध उद्धरण हैं—

"यह मेरा काम है और यदि मैं अपने विचार सुनिश्चित नहीं कर

पाता तो मेरे यहाँ रहने का अर्थ क्या है?''

''मैं अकसर सोचता हूँ कि यदि माइक्रोसॉफ्ट एक कार होती तो हम लोग एक बहुत बड़ा गैस पद यंत्र और एक बहुत छोटा ब्रेक रखते। हम लोगों के सामने वायु से बचने का एक बहुत बड़ा शीशा (विंड स्क्रीन) होता, जिससे हम देखते कि हम कहाँ जा रहे हैं, किंतु पीछे की वस्तु देखने का शीशा (रियर व्यू मिरर) नहीं होगा, क्योंकि हम जानते हैं कि प्रतिस्पर्धा ठीक हमारी पूँछ पर है। इसलिए हमें पीछे देखने की आवश्यकता नहीं है। पीछे का दृश्य देखने के लिए शीशे में देखना समय बरबाद करना है।''

''हम लोगों द्वारा बाजार में उतारे गए सॉफ्टवेयर में कोई महत्त्वपूर्ण त्रुटि (बग) नहीं है, जिसे अधिकांश उपयोगकर्ता सुधरवाना चाहते हैं।''

''हम सभी लोगों की सर्वोत्तम शिक्षा अपने-अपने तरीके से होती है। कुछ लोग एक विषय का एक समय पर बहुत अच्छी तरह अध्ययन कर सकते हैं, जबकि कुछ अन्य लोग दो विषयों को एक साथ अच्छी तरह पढ़ सकते हैं। कुछ लोग पंक्तिबद्ध तरीके से अच्छा अध्ययन कर सकते हैं, जबकि दूसरे लोग विभिन्न विषयों पर कूदते हुए बेहतर अध्ययन करते हैं और एक विषय में आर-पार न जाकर उसे परिमित कर लेते हैं। कुछ लोग प्रतिरूपों को जोड़-तोड़कर सीखना पसंद करते हैं, किंतु कुछ अन्य लोग पढ़कर सीखते हैं।''

हम सभी लोगों की सर्वोत्तम शिक्षा अपने-अपने तरीके से होती है। कुछ लोग एक विषय का एक समय पर बहुत अच्छी तरह अध्ययन कर सकते हैं, जबकि कुछ अन्य लोग दो विषयों को एक साथ अच्छी तरह पढ़ सकते हैं।

''अकसर आपको केवल अंतर्बोध पर निर्भर होना पड़ता है।''

उनके प्रिय विषयों में एक लोकोपकार पर उनके विचार–

"क्या समृद्ध लोगों के संसार को यह पता है कि बाकी 4 अरब लोग किस प्रकार जी रहे हैं? अगर हमें पता होता तो हम उनकी मदद करना चाहते। हम उनकी गरीबी के उन्मूलन में सन्निहित होना चाहते।"

जब उनसे उनके ग्राहकों के बारे में पूछा गया तो उन्होंने कहा–

"आपके सबसे असंतुष्ट ग्राहक ही आपकी शिक्षा के सबसे बड़े माध्यम हैं।"

क्या समृद्ध लोगों के संसार को यह पता है कि बाकी 4 अरब लोग किस प्रकार जी रहे हैं? अगर हमें पता होता तो हम उनकी मदद करना चाहते। हम उनकी गरीबी के उन्मूलन में सन्निहित होना चाहते।

अपने जीवन पर प्रौद्योगिकी के प्रभावों पर टिप्पणी करते हुए उन्होंने कहा–

"तीस वर्षों पूर्व जब माइक्रोसॉफ्ट का उदय हो रहा था तो अब उन बीते दिनों को याद करके सबकुछ अविश्वसनीय लगता है। यह मुझे महसूस कराता है कि कार्य में किस प्रकार बदलाव आया है। अंततोगत्वा हम लोग उस ओर बढ़ रहे हैं जिसे मैं डिजिटल जीवन-शैली कहता हूँ।"

"कागज अब जीवन का महत्त्वपूर्ण भाग नहीं है। मैं अपने 90 प्रतिशत समाचार ऑनलाइन प्राप्त करता हूँ। जब मैं किसी मीटिंग में जाता हूँ और विवरणों को नोट करना चाहता हूँ तब मैं अपने टैबलेट पी.सी. को निकालता हूँ, जो मेरे कार्यालय की मशीन से पूरी तरह जुड़ा हुआ है। इस प्रकार मैं उन सभी फाइलों तक पहुँच सकता हूँ, जिनकी मुझे आवश्यकता है।"

जब उनसे अपने उत्पादों पर टिप्पणी करने के लिए कहा गया तो उनका मत था–

''माइक्रोसॉफ्ट को कम कीमत के उत्पादों को बाजार में उतारने और उनमें निरंतर सुधार करते रहने के लिए संघर्षरत रहने के कारण सफलता मिली है। हम लोगों ने वास्तव में सूचना प्रौद्योगिकी उद्योग को व्यक्तियों के लिए उपयोगी उपकरणों में बदलकर इसे पुनः परिभाषित किया है।''

''हम सदैव अपने आपसे कहते हैं—हमें नूतन परिवर्तनों को लाना है और नए उत्पादों को प्रस्तुत करना है। वास्तव में जिस प्रकार सॉफ्टवेयर काम करते हैं, जब तक आप अपने उपलब्ध सॉफ्टवेयर का इस्तेमाल करते रहते हैं, आप हमें कोई भी भुगतान नहीं करते। अतः हमें केवल नए-नए उत्पादों के लिए ही भुगतान मिलता है।''

> *हमें नूतन परिवर्तनों को लाना है और नए उत्पादों को प्रस्तुत करना है। वास्तव में जिस प्रकार सॉफ्टवेयर काम करते हैं, जब तक आप अपने उपलब्ध सॉफ्टवेयर का इस्तेमाल करते रहते हैं, आप हमें कोई भी भुगतान नहीं करते।*

अपनी सफलता के बारे में बोलते हुए उन्होंने कहा–

''मेरी सफलता कम-से-कम आंशिक रूप से अवश्य ही इसलिए संभव हुई है, क्योंकि मैंने थोड़ी सी चीजों पर ही अपना ध्यान केंद्रित किया है।''

कार्य के बारे में टिप्पणी करते हुए उन्होंने कहा–

''जब मैं काम कर रहा होता हूँ तब मैं गंभीर रहता हूँ। घर पहुँचने के बाद अपने बच्चों के साथ मैं आराम करता हूँ।''

"बच्चे मेरे लिए अद्‌भुत हैं। इससे मैं थोड़ा और संतुलित हो गया हूँ। अपनी बीस वर्ष की उम्र में मैंने बहुत परिश्रम किया, कभी छुट्टी नहीं ली। अब, अपनी पत्नी के सहयोग से मैं यह सुनिश्चित कर लेता हूँ कि दोनों के बीच अच्छा सामंजस्य हो।"

प्रतिस्पर्धा के बारे में उनके विचार–

प्रतिस्पर्धा सदैव ही एक अद्‌भुत चीज है और कंप्यूटर उद्योग में तीव्र प्रतिस्पर्धा है। चाहे वह गूगल हो या एप्पल अथवा कोई भी फ्री सॉफ्टवेयर, वे हमारे अनोखे प्रतिस्पर्धी हैं। वे हमें सदैव सतर्क रखते हैं।

"मैंने इस व्यवसाय में प्रतिस्पर्धा को सदैव पसंद किया है। बैठकों के दौरान मैंने अपनी टीम को सदैव यह कहकर प्रोत्साहित किया है कि—'हे, हम लोग इससे अच्छा कर सकते हैं। ऐसा क्यों है कि हम इससे आगे नहीं निकल सके?' यही मेरे कार्य को संसार में सबसे अधिक रुचिकर बनाता है।"

"प्रतिस्पर्धा सदैव ही एक अद्‌भुत चीज है और कंप्यूटर उद्योग में तीव्र प्रतिस्पर्धा है। चाहे वह गूगल हो या एप्पल अथवा कोई भी फ्री सॉफ्टवेयर, वे हमारे अनोखे प्रतिस्पर्धी हैं। वे हमें सदैव सतर्क रखते हैं।"

उत्तरदायित्व और सुरक्षा के बारे में बोलते हुए उन्होंने कहा–

"पर्सनल कंप्यूटर (पी.सी.) उद्योग के उद्‌भव के लिए हम लोग जिम्मेदार हैं। हम लोगों ने गणना के लिए उपयुक्त मशीनों और बहुत से सॉफ्टवेयर निर्मित करने का संपूर्ण विचार प्रस्तुत किया है। यह सुनिश्चित करना हम लोगों की जिम्मेदारी है कि असुरक्षा जैसी समस्याएँ हमारे स्वप्नों के रास्ते में न आने पाएँ।"

"मैं कहना चाहूँगा कि सुरक्षा हम लोगों के लिए सबसे पहली प्राथमिकता है, क्योंकि आप कंप्यूटरों द्वारा सभी प्रकार के उद्दीपक कार्य जैसे अपने जीवन को सुव्यवस्थित करना, लोगों के संपर्क में रहना और रचनात्मक कार्य आदि कर सकते हैं। यदि हम असुरक्षा की समस्या का निदान नहीं करते तो लोग कंप्यूटरों का इस्तेमाल नहीं करेंगे। व्यावसायिक संस्थाएँ अपनी महत्त्वपूर्ण व गोपनीय सूचनाओं को कंप्यूटर पर रखने में डरेंगी, क्योंकि इनके अनावृत्त होने से उनका दुरुपयोग हो सकता है।"

> ***मैं कहना चाहूँगा कि सुरक्षा हम लोगों के लिए सबसे पहली प्राथमिकता है, क्योंकि आप कंप्यूटरों द्वारा सभी प्रकार के उद्दीपक कार्य जैसे अपने जीवन को सुव्यवस्थित करना, लोगों के संपर्क में रहना और रचनात्मक कार्य आदि कर सकते हैं।***

सरकार पर टिप्पणी करने के लिए कहे जाने पर उन्होंने व्यंग्य किया—

"मैं उत्पादों का निर्माण करना और लोगों द्वारा उनका इस्तेमाल किया जाना देखना पसंद करता हूँ। किंतु आप जानते हैं कि सफलता प्राप्त होने पर सरकार से वार्त्तालाप की आवश्यकता उत्पन्न हो जाती है।"

चुनौती के बारे में अपने विचार व्यक्त करते हुए उन्होंने कहा—

"चुनौती एक ऐसी चीज है जो हमें आगे बढ़ाती है। आज हम उस बिंदु पर हैं जहाँ चुनौती यह नहीं है कि आप इ-मेल द्वारा प्रभावशाली तरीके से किस प्रकार संवाद स्थापित करें, बल्कि यह सुनिश्चित करना है कि आप अपना समय इ-मेल पर दें, जो कि सबसे महत्त्वपूर्ण है।"

स्वास्थ्य और संकट की स्थितियों पर बोलते हुए उन्होंने कहा—

"एड्स एक ऐसा रोग है, जिसके बारे में बात करना कठिन है। आदर्श तो यह होगा कि 100 प्रतिशत प्रभावशाली एड्स का टीका उपलब्ध हो।"

"जैसे-जैसे आप समाज में स्वास्थ्य का सुधार करते हैं, जनसंख्या का विस्तार कम होता जाता है। आपको बताएँ कि इसके बारे में जानने के पहले मैं इसे विरोधाभासी समझता था।"

"पूँजीवादी व्यवस्था प्रशंसनीय है, क्योंकि लोगों को यह प्रेरित करती है। इसके कारण आश्चर्यजनक आविष्कारों को जन्म दिया जाता है। किंतु संसार भर में रोगों के उन्मूलन के क्षेत्र में इसने हम लोगों को निराश किया है।"

पूँजीवादी व्यवस्था प्रशंसनीय है, क्योंकि लोगों को यह प्रेरित करती है। इसके कारण आश्चर्यजनक आविष्कारों को जन्म दिया जाता है। किंतु संसार भर में रोगों के उन्मूलन के क्षेत्र में इसने हम लोगों को निराश किया है।

अनेक बार उन्होंने अपने जीवन के विभिन्न पहलुओं एवं माइक्रोसॉफ्ट पर टिप्पणियाँ की हैं। यहाँ तक कि अपने उत्पाद भी उनके उपहास के विषय रहे हैं। संग्रह किए जाने योग्य उनकी कुछ बुद्धिमानीपूर्ण टिप्पणियाँ इस प्रकार हैं—

"हे ! मैंने किसी से भी अपने स्टॉक को खरीदने के लिए नहीं कहा है। माइक्रोसॉफ्ट के स्टॉक के व्यापार से मुझसे कम प्रसन्न कोई नहीं है। इस वर्ष मैंने दसियों अरब डॉलर का नुकसान सहा है। यदि आप इसकी जाँच करें तो पाएँगे कि यह राशि उससे अधिक है जितनी अधिकांश लोग अपने पूरे जीवन काल में कमाते हैं।"

"जीवन संतोषजनक नहीं है, इसके अभ्यस्त बनिए।"

"तीव्र बुद्धिमत्ता एक भ्रांतिजनक अवधारणा है। इसमें एक प्रकार की जागरूकता, नए तथ्यों को आत्मसात् करने की क्षमता, अंतर्दृष्टियुक्त प्रश्न पूछना और उन क्षेत्रों से जोड़ना है, जो आरंभ में जुड़े हुए नहीं प्रतीत होते हैं। यह एक रचनात्मकता है जो लोगों को प्रभावशाली बनाती है।"

"यदि आप लोगों को उपकरण दें और उन्हें उसे अपनी स्वाभाविक क्षमता एवं जिज्ञासा के अनुरूप इस्तेमाल करने की स्वतंत्रता दें तो वे ऐसी चीजें विकसित करेंगे जो आपको चकित कर देंगी और वे आपकी आशा से बेहतर प्रमाणित होंगी।"

यदि आप लोगों को उपकरण दें और उन्हें उसे अपनी स्वाभाविक क्षमता एवं जिज्ञासा के अनुरूप इस्तेमाल करने की स्वतंत्रता दें तो वे ऐसी चीजें विकसित करेंगे जो आपको चकित कर देंगी और वे आपकी आशा से बेहतर प्रमाणित होंगी।

"कंप्यूटर के क्षेत्र में अनाड़ी व्यक्तियों के प्रति अच्छा व्यवहार कीजिए। ऐसी संभावना हो सकती है कि आपको ऐसे किसी व्यक्ति के लिए काम करना पड़े।"

"प्रौद्योगिकी मात्र एक उपकरण है। बच्चों के विशेष ढंग से एक साथ काम करने एवं उन्हें प्रेरित करने में शिक्षक की भूमिका अत्यंत महत्त्वपूर्ण है।"

"जैसा कि हम अगली शताब्दी में देख रहे हैं, नायक वही होंगे जो दूसरों को सामर्थ्य प्रदान करेंगे।"

"यदि आप इसे अच्छा नहीं बना सकते तो कम-से-कम ऐसा बनाइए कि देखने में अच्छा लगे।"

"यदि आप समझते हैं कि आपका शिक्षक सख्त है तो उस समय तक प्रतीक्षा कीजिए जब तक कि आपको एक अधिकारी न मिल जाए।

उसका कोई कार्यकाल नहीं होता।''

''मैंने वास्तव में सोचा कि यह थोड़ी उलझन पैदा करनेवाली बात होगी कि एक ही समय में एक मीटिंग के दौरान आप पैसा कमाने की कोशिश करें और दूसरी मीटिंग में उस पैसे को दूसरों को देने की।''

''मैं विश्वास करता हूँ कि यदि आप लोगों को समस्याएँ दिखाएँ और उन्हें उनके समाधान भी बताएँ तो वे सक्रिय होने के लिए प्रेरित होंगे।''

मेरे पास 100 अरब डॉलर है। इसका अर्थ यह है कि मैं 30 लाख डॉलर प्रतिदिन अगले सौ वर्षों तक उस स्थिति में भी खर्च कर सकता हूँ, जबकि मैं एक डॉलर भी आगे न कमाऊँ। आपसे क्या कहना है—मैं आपके अधिकारों को 10 लाख डॉलर में खरीद लूँगा। मैं आपको 10 लाख डॉलर दूँगा और आपसे यहाँ काम लूँगा।

''मैं आशान्वित हूँ और मेरा विश्वास है कि अगली शताब्दी में लोगों के विचार अधिक विश्वव्यापी होंगे, जहाँ आप केवल यही नहीं सोचते कि 'हाँ, मेरा देश ठीक तरह से चल रहा है', बल्कि आप समस्त संसार के लिए सोचते हैं।''

''मैं नहीं समझता कि मनुष्य की बुद्धि में कुछ भी विशिष्ट है। मस्तिष्क की सभी तंत्रिकाएँ (न्यूरोसेंस), जिनसे प्रत्यक्ष ज्ञान और संवेगों की अनुभूति होती है वे बाइनरी पद्धति से काम करते हैं।''

''मेरे पास 100 अरब डॉलर है। इसका अर्थ यह है कि मैं 30 लाख डॉलर प्रतिदिन अगले सौ वर्षों तक उस स्थिति में भी खर्च कर सकता हूँ, जबकि मैं एक डॉलर भी आगे न कमाऊँ। आपसे क्या कहना है—मैं आपके अधिकारों को 10 लाख डॉलर में खरीद लूँगा। मैं आपको 10 लाख डॉलर दूँगा और आपसे यहाँ काम लूँगा।''

''मैं लोकोपकारी कार्यों के बारे में सोचने से दूर हो गया था। किंतु

जब मेरे पास बहुत अधिक धन हो गया तब मैंने और मेलिंडा ने इस सत्य को महसूस किया कि धन कोई ऐसी चीज नहीं है जिसे बच्चों को विरासत में देना अच्छा होगा।''

''मैं इस तथ्य में बहुत विश्वास करता हूँ कि संचार में वृद्धि करनेवाले किसी भी उपकरण का गहन प्रभाव लोगों के एक-दूसरे से सीखने की प्रक्रिया पर पड़ता है, जिससे वे अपनी रुचि के अनुरूप स्वतंत्रता प्राप्त कर सकते हैं।''

''हम लोग अगले दो वर्षों में होनेवाले परिवर्तन को सदैव ही वास्तविकता से अधिक आँकते हैं और अगले दस वर्षों में होनेवाले परिवर्तन को वास्तविकता से कम। अकर्मण्य बनकर अपनी गति धीमी मत कीजिए।''

''एक नए मानक की रचना करने के लिए कुछ ऐसे कार्य करने पड़ते हैं, जो कम मुश्किल नहीं होते। इसके लिए वास्तव में कुछ ऐसा नया करना पड़ता है जो लोगों का ध्यान आकर्षित कर सके। मैंने जिन मशीनों को अब तक देखा है उनमें सर्वश्रेष्ठ वही है, जो उन मानकों को पूरा करती हैं।''

एक नए मानक की रचना करने के लिए कुछ ऐसे कार्य करने पड़ते हैं, जो कम मुश्किल नहीं होते। इसके लिए वास्तव में कुछ ऐसा नया करना पड़ता है जो लोगों का ध्यान आकर्षित कर सके। मैंने जिन मशीनों को अब तक देखा है उनमें सर्वश्रेष्ठ वही है, जो उन मानकों को पूरा करती हैं।

''संस्थानों की महानता संबंधित लोगों की उच्च स्तरीय वचनबद्धता से ही निर्मित होती है।''

''समय रूपी संसाधन के आवंटन की दृष्टि से धर्म बहुत कार्य साधक नहीं है। रविवार की सुबह मैं और बहुत कुछ कर सकता हूँ।''

''जीवन सत्रों में विभाजित नहीं है। आप गरमियों में छुट्टियाँ नहीं

पाते हैं। आत्मपरीक्षण के लिए आपकी मदद करने में बहुत कम कर्मचारी रुचि लेते हैं।''

''हमें जो करना है, हम अभी उसके प्रारंभ में ही हैं।''

''सफलता का जश्न मनाना बहुत अच्छा है, किंतु असफलताओं से सीख लेना उससे भी कहीं ज्यादा महत्त्वपूर्ण है।''

हमें अफसोस है कि हम लोगों को वाशिंगटन की उपस्थिति प्राप्त करनी पड़ रही है। अपने प्रथम 16 वर्षों तक हमने इसके बिना ही प्रगति की। मैंने कभी भी वाशिंगटन का कोई राजनीतिक दौरा नहीं किया है और हम लोगों का कोई व्यक्ति वहाँ नहीं था। यह हमारे राडार स्क्रीन पर नहीं था। हम लोग केवल श्रेष्ठ सॉफ्टवेयर निर्मित कर रहे थे।

''छह सौ चालीस हजार (640 K) किसी के लिए भी पर्याप्त होना चाहिए।''

''हमें अफसोस है कि हम लोगों को वाशिंगटन की उपस्थिति प्राप्त करनी पड़ रही है। अपने प्रथम 16 वर्षों तक हमने इसके बिना ही प्रगति की। मैंने कभी भी वाशिंगटन का कोई राजनीतिक दौरा नहीं किया है और हम लोगों का कोई व्यक्ति वहाँ नहीं था। यह हमारे राडार स्क्रीन पर नहीं था। हम लोग केवल श्रेष्ठ सॉफ्टवेयर निर्मित कर रहे थे।''

''मैं यह भविष्यवाणी कर सकता हूँ कि अगले दशक में हम लोग 90 के दशक की तुलना में दूने से अधिक उत्पादकता एवं सुधार प्रदान कर सकते हैं।''

''यह स्पष्ट किया गया है कि अधिकांश लोग अज्ञानतावश वायरस डाउनलोड कर लेते हैं—वे तब तक नहीं जानते कि वे ऐसा कर रहे हैं जब तक कि काफी देर नहीं हो जाती। यहाँ मैं यही स्पष्ट करना चाहता हूँ। हम उपभोक्ता को सुरक्षा प्रदान करने की बात कर रहे हैं।''

"आइए, इसका मुकाबला करें—एक औसत कंप्यूटर उपयोगकर्ता के पास लंबी पतली टाँगों और पूँछवाले अमेरिकी बंदर (स्पाइडर मंकी) के समान ही मस्तिष्क होता है।"

"माइक्रोसॉफ्ट को लालच नहीं है। यह नवोन्मेष और न्यायता की पक्षधर है।"

"मैं समझता हूँ कि आज बहुत से ऐसे लोग हैं, जो ऑनलाइन क्रय-विक्रय करते होंगे। वे वहाँ (ऑनलाइन) जाते हैं और सूचनाएँ प्राप्त करते हैं, लेकिन जब क्रेडिट कार्ड के विवरणों को टाइप करने का समय आता है तब दो बार सोचते हैं, क्योंकि वे यह सुनिश्चित नहीं कर पाते कि यह किस प्रकार संपन्न होगा और इसका उनके लिए परिणाम क्या होगा।"

मैं समझता हूँ कि आज बहुत से ऐसे लोग हैं, जो ऑनलाइन क्रय-विक्रय करते होंगे। वे वहाँ (ऑनलाइन) जाते हैं और सूचनाएँ प्राप्त करते हैं, लेकिन जब क्रेडिट कार्ड के विवरणों को टाइप करने का समय आता है तब दो बार सोचते हैं, क्योंकि वे यह सुनिश्चित नहीं कर पाते कि यह किस प्रकार संपन्न होगा और इसका उनके लिए परिणाम क्या होगा।

"यदि जनरल मोटर्स ने कंप्यूटर उद्योग जैसी प्रौद्योगिकी अपनाई होती तो आज हम सभी 25 डॉलर की 1,000 कार चला रहे होते।"

"हम लोगों की सफलता वास्तव में प्रारंभ से ही सहभागिता पर आधारित रही है।"

"जब मैं बच्चा था तब वास्तव में मैंने बहुत सारे सपने देखे थे और मैं समझता हूँ कि उनमें से बहुत कुछ विकसित हो पाया, क्योंकि मुझे बहुत अधिक पढ़ने का अवसर मिला।"

''हम लोग प्रतिदिन इस विषय पर कार्य करते हैं कि अपने ग्राहकों को किस प्रकार प्रसन्न रखा जाए और नवोन्मेष में किस प्रकार आगे रहा जाए, क्योंकि यदि हम ऐसा नहीं करते तो कोई और कर लेगा।''

''व्यापार-संसार में प्रवेश करने का यह एक अद्‍भुत समय है, क्योंकि पिछले पचास वर्षों में हुए परिवर्तनों की तुलना में व्यापार अगले दस वर्षों में कहीं अधिक परिवर्तित होने वाला है।''

''इंटरनेट आनेवाले कल के भूमंडलीय गाँव का चौक बनता जा रहा है।''
''मेरे व्यवसाय में जब तक आप यह महसूस करते हैं कि आप कष्ट में हैं तब तक अपना बचाव करने के लिए काफी देर हो चुकी होती है। इसलिए यदि आप हर समय भयभीत नहीं रहते हैं तो आप मिट जाएँगे।''

''मेरी आकांक्षा वास्तव में कार्यकर्ताओं को सक्षम बनाना एवं जो कुछ हो रहा है, उसके बारे में समस्त सूचनाएँ देना है, ताकि वे अब तक जो कर चुके हैं उससे और ज्यादा कर सकें।''

''इंटरनेट आनेवाले कल के भूमंडलीय गाँव का चौक बनता जा रहा है।''

''मेरे व्यवसाय में जब तक आप यह महसूस करते हैं कि आप कष्ट में हैं तब तक अपना बचाव करने के लिए काफी देर हो चुकी होती है। इसलिए यदि आप हर समय भयभीत नहीं रहते हैं तो आप मिट जाएँगे।''

''टेलीविजन वास्तविक जीवन नहीं है। वास्तविक जीवन में लोगों को सचमुच कॉफी की दुकान छोड़कर अपने काम पर जाना पड़ता है।''

''किसी व्यवसाय में उपयोग की जानेवाली प्रौद्योगिकी का पहला नियम यह है कि किसी भी कार्य-दक्ष पद्धति में स्वयं गतिशीलता का प्रयोग किए जाने पर कार्यक्षमता में वृद्धि हो जाती है। दूसरा नियम यह है कि किसी अकार्यदक्ष पद्धति में स्वयं गतिशीलता के प्रयोग किए जाने

पर अदक्षता में वृद्धि होती है।''

''लोग सदैव ही परिवर्तन से डरते हैं। जब बिजली का आविष्कार हुआ था तो लोग इससे डरते थे; क्या ऐसा नहीं है ? लोग कोयले से डरते थे; वे गैस शक्ति आधारित इंजनों से भी डरते थे, आदि-आदि। अज्ञानता सदैव ही रहेगी और अज्ञानता के कारण भय उत्पन्न होता है। किंतु समय के साथ लोग अपने सिलिकॉन विशेषज्ञों को स्वीकार करने लगेंगे।''

''हर जगह लोग विंडोज को प्यार करते हैं।''

''कब से कंप्यूटर सॉफ्टवेयर डिजाइन लोगों की इच्छा के अनुरूप बनाया जा रहा है ? यह मात्र विकास का प्रश्न है। एक ऐसा दिन जल्दी ही आएगा, जब हर व्यक्ति अपने घुटनों पर टिककर पहले सिलिकॉन के आगे झुकेगा और आप सब अपने बाइनरी देवताओं से दया की भीख माँगेंगे।''

''कब से कंप्यूटर सॉफ्टवेयर डिजाइन लोगों की इच्छा के अनुरूप बनाया जा रहा है ? यह मात्र विकास का प्रश्न है। एक ऐसा दिन जल्दी ही आएगा, जब हर व्यक्ति अपने घुटनों पर टिककर पहले सिलिकॉन के आगे झुकेगा और आप सब अपने बाइनरी देवताओं से दया की भीख माँगेंगे।''

''हम लोग घड़ियों, फोन, टी.वी. सेट्स और कारों के लिए सॉफ्टवेयर का निर्माण कर रहे हैं। इनमें से कुछ के चल निकलने में काफी समय लगता है।''

''हम लोगों के पास लगभग 90 प्रतिशत 'ब्राउजर स्पेस' (कंप्यूटर द्वारा किसी फाइल को खोलकर देखने की प्रक्रिया 'ब्राउजिंग' कहलाती है) जिसमें हम कार्यरत हैं। अब 'फायरफॉक्स' आ गया है और उसके विचारों को प्रेस पसंद करता है। इसलिए हमारी वचनबद्धता यह है कि हम फायरफॉक्स की तुलना में अपने ब्राउजर को सुरक्षा और विशिष्टता

दोनों, ही दृष्टि से सर्वोत्तम बनाए रखें।''

''टोनी ब्लेयर और गार्डेन ब्राउन जैसे लोगों का हमें आभारी होना चाहिए कि उनके नेतृत्व में लिव 8 के लिए भारी संख्या में यहाँ और सारी दुनिया में लोगों का सामने आना इसे सिद्ध करता है कि संसार भर में इस बात की माँग प्रारंभ हो रही है कि विश्वव्यापी स्तर पर स्वास्थ्य-सुधार और गरीबी-उन्मूलन के लिए और अधिक प्रयास किए जाने चाहिए।''

''बौद्धिक संपदा की आयु एक केले की आयु जितनी होती है।''

> ***''मैंने लगभग दस वर्षों पूर्व महसूस किया कि मेरी संपत्ति समाज में वापस जानी चाहिए। अपने बच्चों को इतनी संपत्ति जिसके आकार की कल्पना करना मुश्किल है, विरासत में देना बहुत अच्छा नहीं होगा। यह उनके लिए रचनात्मक नहीं है।''***

''आपके विद्यालय ने विजयी और असफल लोगों को भुला दिया होगा, किंतु जीवन में ऐसा नहीं होता। कुछ विद्यालयों में उन्होंने असफलता संबंधी श्रेणी ही समाप्त कर दी है। वे सही उत्तर प्राप्त करने के लिए आपकी इच्छानुसार अवसर प्रदान करते हैं। इसकी थोड़ी भी अनुरूपता किसी चीज से नहीं है।''

''मैंने लगभग दस वर्षों पूर्व महसूस किया कि मेरी संपत्ति समाज में वापस जानी चाहिए। अपने बच्चों को इतनी संपत्ति जिसके आकार की कल्पना करना मुश्किल है, विरासत में देना बहुत अच्छा नहीं होगा। यह उनके लिए रचनात्मक नहीं है।''

''यदि मैंने अपनी सीमा निर्धारित करने के लिए कुछ निश्चित विचार बनाया होता तो क्या आप नहीं सोचते हैं कि मैंने उसे वर्षों पहले ही पार कर लिया होता?''

''जब मैं भविष्य की ओर देखता हूँ तो आनेवाली चीजों के बारे में सोचकर बहुत आशान्वित रहता हूँ।''

एक विशेषज्ञ कहते हैं···

''जब तक हर बच्चे को हम कल्पनाशील तरीके से शिक्षित नहीं कर लेते, जब तक प्रत्येक आंतरिक शहर साफ नहीं कर लिया जाता तब तक कोई कमी नहीं है।''

''मैं अपना काम पसंद करता हूँ, क्योंकि इसमें सीखना शामिल है। मैं उन बुद्धिमान लोगों के साथ रहना पसंद करता हूँ, जो नई चीजों को समझने का प्रयास करते हैं। मैं इस तथ्य को पसंद करता हूँ कि यदि लोग सचमुच कोशिश करें तो वे जान सकते हैं कि किस प्रकार नई चीजों की खोज की जाए, जिसका वास्तव में प्रभाव पड़े।''

''यदि आप पूछ रहे हैं कि मैं जानबूझकर अपने बाल अव्यवस्थित कर लेता हूँ तो नहीं, मैं ऐसा नहीं करता। जहाँ तक चित्तियों की बात है, वे वहाँ स्वाभाविक रूप से है। मैं जानबूझकर कुछ नहीं करता। मैं समझता हूँ कि मुझे 'कॉण्टेक्ट लेंस' ले लेना चाहिए तथा मुझे अपने बालों में और जल्दी-जल्दी कंघी करनी चाहिए।''

''यदि आप पूछ रहे हैं कि मैं जानबूझकर अपने बाल अव्यवस्थित कर लेता हूँ तो नहीं, मैं ऐसा नहीं करता। जहाँ तक चित्तियों की बात है, वे वहाँ स्वाभाविक रूप से है। मैं जानबूझकर कुछ नहीं करता। मैं समझता हूँ कि मुझे 'कॉण्टेक्ट लेंस' ले लेना चाहिए तथा मुझे अपने बालों में और जल्दी-जल्दी कंघी करनी चाहिए।''

''आप वहाँ 'ओपेन सोर्स' को इसलिए पाते हैं, क्योंकि हम लोगों ने यहाँ आकर कहा कि लाखों मशीनों के लिए एक ऐसा मंच होना चाहिए, जो सभी के लिए समरूप हो।''

''जिन दो क्षेत्रों में परिवर्तन हो रहे हैं वे हैं—सूचना प्रौद्योगिकी और चिकित्सा प्रौद्योगिकी। बीस वर्षों बाद इन क्षेत्रों में परिवर्तनों के कारण दुनिया आज से बिल्कुल भिन्न हो जाएगी।''

"ऐसे लोग हैं, जो पूँजीवाद को पसंद नहीं करते और ऐसे भी लोग हैं, जो पर्सनल कंप्यूटरों को भी पसंद नहीं करते। किंतु ऐसा कोई नहीं है, जो पर्सनल कंप्यूटर (पी.सी.) को पसंद करता है, परंतु माइक्रोसॉफ्ट को पसंद नहीं करता।"

"हम लोग हर समय कुछ-न-कुछ सोचते रहते हैं। उदाहरण के लिए, आवाज को पहचानने की प्रौद्योगिकी कब इस योग्य बन जाएगी कि सभी लोग उसका इस्तेमाल कर सकेंगे? इस वर्ष हम लोगों ने इस विषय में काफी प्रगति की है। मैं समझता हूँ कि आवाज को पहचानने की तकनीक के क्षेत्र में किए गए हमारे अच्छे कार्यों से लोग चकित हो जाएँगे।"

हम लोग हर समय कुछ-न-कुछ सोचते रहते हैं। उदाहरण के लिए, आवाज को पहचानने की प्रौद्योगिकी कब इस योग्य बन जाएगी कि सभी लोग उसका इस्तेमाल कर सकेंगे? इस वर्ष हम लोगों ने इस विषय में काफी प्रगति की है।

"जब मैं इस श्रेष्ठ स्थिति में अप्रत्याशित रूप से पहुँचा तो मुझ पर कुछ जिम्मेदारियाँ भी आ पड़ी हैं।"

"हम लोग उस मूल स्वप्न को पूरा करने के नजदीक भी अभी नहीं पहुँच सके हैं कि पी.सी. क्या हो सकता है।"

"व्यवहार को परिवर्तित करने में हम लोगों को बहुत अधिक पैसे खर्च करने हैं।"

"जब पी.सी. को बाजार में उतारा गया तो लोग यह जानते थे कि यह महत्त्वपूर्ण है।"

"हम लोग वास्तव में जिस चीज के लिए प्रयत्नशील हैं, वह सिर्फ यह है कि लिनक्स, सन सोलारिस या बी.एस.डी. अथवा ओ.एस./2 या किसी अन्य सिस्टम की ओर बढ़ने से पहले लोग प्रत्येक कंप्यूटर के

लिए विंडोज का एक आधिकारिक लाइसेंस प्राप्त कर लें।''

''जब आप अपने घर का काम करना चाहते हैं, अपना टैक्स रिटर्न भरना चाहते हैं अथवा अपनी यात्रा पर जाने के पूर्व सभी विकल्पों को देखना चाहते हैं तो आपको पूरे आकार के एक स्क्रीन की आवश्यकता है।''

''विंडोज 2000 में ऐसे विशिष्ट गुण मौजूद हैं जैसे मानवीय अनुशासन से संबंधित अवयव, जिसके कारण पी.सी. अपने की-बोर्ड के माध्यम से बिजली का एक हलका आघात उस स्थिति में दे सकता है, जब कोई व्यक्ति कुछ ऐसा कर रहा हो जिसे विंडोज पसंद नहीं करता।''

''विंडोज 2000 में ऐसे विशिष्ट गुण मौजूद हैं जैसे मानवीय अनुशासन से संबंधित अवयव, जिसके कारण पी.सी. अपने की-बोर्ड के माध्यम से बिजली का एक हलका आघात उस स्थिति में दे सकता है, जब कोई व्यक्ति कुछ ऐसा कर रहा हो जिसे विंडोज पसंद नहीं करता।''

''आप यह समझ लें कि कृपालुता और उदारता जैसे पुराने विचार मात्र 'बग्स' हैं (कंप्यूटर प्रोग्राम में आनेवाली खराबी को बग (Bug) कहते हैं), जिन्हें हमारे संसार से बाहर करने के लिए निर्देश तैयार किए जाने चाहिए। ये ठंडी और संवेदनशील मशीनें हमें रास्ता दिखाएँगी।''

''पद्धतियों की समस्याओं पर विभिन्न दृष्टिकोणों से आक्रमण करें और प्रौद्योगिकी का इस्तेमाल एक ऐसी सुप्रवाही प्रक्रिया निर्मित करने के लिए करें, जो पहले कभी संभव नहीं थी। सभी प्रक्रियाओं का समय-समय पर पुनर्मूल्यांकन करें।''

''अधिकतम सूचना प्रवाह प्रदान करने के लिए प्रक्रियाओं की डिजाइन फिर से बनाएँ, जिससे आप अपनी महत्त्वपूर्ण व्यापारिक

समस्याओं का समाधान कर लेंगे।''

''प्रक्रियाओं की समस्याएँ अंततः सरलीकरण की समस्याएँ ही होती हैं। कम-से-कम कर्मचारियों को काम पर लगाने का अर्थ है कम-से-कम गैरहाजिरी।''

''केवल सूचना प्रौद्योगिकी को ही नहीं बल्कि व्यावसायिक प्रमुखों को भी प्रौद्योगिकी को समाहित करनेवाली प्रक्रियाओं के बारे में निर्णय लेना चाहिए।''

''एक त्रुटिपूर्ण प्रक्रिया काम में लगनेवाले वास्तविक समय की अपेक्षा दस गुना अधिक समय ले सकती है। एक अच्छी प्रक्रिया समय की बरबादी कम करेगी; प्रौद्योगिकी बचे हुए वास्तविक कार्यों को जल्द निबटाएगी।''

''सभी पुनराभियांत्रिकी परियोजनाओं में, विशेष रूप से जिनमें प्रौद्योगिकी समाहित है, जटिलता ही उनकी मृत्यु का कारण है।''

''उत्पादन प्रक्रिया की आंतरिक कार्यप्रणाली को कर्मचारी जितनी अच्छी तरह से समझते हैं, उतनी ही बुद्धिमानी से वे उन प्रक्रियाओं को चला सकते हैं।''

''उत्पादन पद्धतियों से संबंधित वास्तविक समय के आँकड़े आपको इस योग्य बनाते हैं कि आप किसी मशीन के टूटने से पहले ही उसके अनुरक्षण की व्यवस्था कर सकें।''

''उन्नत गुणवत्ता के साथ पारिश्रमिक को जोड़ना तभी कारगर होगा, जब गुणवत्ता संबंधी समस्याओं की सही समय पर प्रतिपुष्टि या सूचना प्राप्त हो।''

''नियत कार्य करनेवाले कर्मचारी चले जाएँगे। उनके काम स्वचालित हो जाएँगे अथवा ऐसे बड़े कार्यों में मिश्रित हो जाएँगे जिनके लिए ज्ञान की आवश्यकता होगी।''

□□□